Nóminas. ADGD0071

Alicia Jiménez García

ic editorial

Nóminas. ADGD0071
© Alicia Jiménez García

1ª Edición

© IC Editorial, 2025

Editado por: IC Editorial
c/ Cueva de Viera, 2, Local 3
Centro Negocios CADI
29200 Antequera (Málaga)
Teléfono: 952 70 60 04
Fax: 952 84 55 03
Correo electrónico: iceditorial@iceditorial.com
Internet: www.iceditorial.com

ISBN: 978-84-1184-588-5
Depósito Legal: MA 187-2025

Impresión: PODiPrint
Impreso en Andalucía – España

Nota de la editorial: IC Editorial pertenece a Innovación y Cualificación S. L.

Especialidad formativa

Se entiende por especialidad formativa la agrupación de contenidos, competencias profesionales y especificaciones técnicas que responde a un conjunto de actividades de trabajo enmarcadas en una fase del proceso de producción y con funciones afines.

Las especialidades formativas de Uso General, Formación Complementaria, Formación Modular y las especialidades formativas dirigidas a la obtención de certificados de profesionalidad se incluyen en el Fichero de Especialidades del Servicio Público de Empleo Estatal para su gestión en todo el territorio nacional por cualquier Administración competente.

Las especialidades complementarias, pertenecen todas a la Familia profesional de Formación Complementaria (FCO) y tienen la consideración de formación transversal en áreas que se consideran prioritarias tanto en el marco de la Estrategia Europea para el Empleo y del Sistema Nacional de Empleo como en las directrices establecidas por la Unión Europea. Se consideran áreas prioritarias las relativas a tecnologías de la información y la comunicación, la prevención de riesgos laborales, la sensibilización en medio ambiente, la promoción de la igualdad, la orientación profesional y aquellas otras que se establezcan por la Administración competente.

Las especialidades de Certificado de profesionalidad tienen una duración especificada en su normativa reguladora.

En el resultado de la búsqueda, se muestran las unidades de competencia, todos los módulos formativos con su duración y las unidades formativas del certificado correspondiente, con su duración. Las horas del certificado, exclusivo de las especialidades de certificado de profesionalidad, con alta igual o superior a 2008, son las horas totales más las horas del módulo de Prácticas Profesionales no Laborales.

- ⮎ **Si la especialidad tiene unidades formativas,** las horas totales, presencial, distancia, teleformación serán igual a la suma de esas horas de las unidades formativas de los distintos módulos, sin que se repita ninguna Unidad formativa.

⮂ **Si la especialidad no tiene unidades formativas,** las horas totales, presencial, distancia, teleformación serán igual a las sumas de esas horas de los módulos formativos, eliminando las horas de los módulos repetidos.

https://sede.sepe.gob.es/especialidadesformativas/RXBuscadorEFRED/BusquedaEspecialidades.do

(Fuente: Servicio Público de Empleo Estatal)

Índice

OBJETIVOS GENERALES

Los objetivos generales del **ADGD0071. Nóminas,** son los siguientes:

- ⊃ Adquirir conocimientos y habilidades en la cumplimentación de los recibos salariales y la normativa de liquidación.
- ⊃ Entender las características, elementos y estructura que tiene el recibo de salarios.
- ⊃ Conocer las percepciones salariales que pertenecen a los devengos de la nómina.
- ⊃ Conocer las percepciones no salariales o extrasalariales que pertenecen a los devengos de la nómina.
- ⊃ Comprender cómo se calculan las aportaciones a la Seguridad Social que debe practicar la empresa y las personas trabajadoras.
- ⊃ Descubrir cómo se obtienen las retenciones de IRPF que se incluyen en la nómina.
- ⊃ Descubrir las normas que rigen la práctica de las retenciones e ingresos a cuenta del IRPF en la nómina.
- ⊃ Comprender la gestión de los distintos modelos de liquidación relacionados con las retenciones e ingresos a cuenta.

Descripción de los conceptos generales del recibo de salarios

Contenido

Objetivos

El objetivo general de esta Unidad de Aprendizaje es:

→ Entender las características, elementos y estructura que tiene el recibo de salarios.

Los objetivos específicos de esta Unidad de Aprendizaje son:

→ Identificar las partes que forman la estructura del modelo oficial de recibo de salarios.

→ Describir los elementos integrantes del salario.

→ Explicar las consecuencias de los incumplimientos relacionados con la nómina.

1. Introducción

Toda relación laboral existente entre empresario y trabajador se formaliza con el contrato de trabajo. La reciprocidad que existe en esta relación se traduce en una prestación de servicios para el empresario y en una compensación económica para el trabajador. Esta última se ve reflejada en el recibo de salarios, comúnmente denominado *nómina*.

En 2014 se publicó la Orden ESS/2098/2014, de 6 de noviembre, que modificó la norma que regula el modelo oficial del recibo individual de salarios. Este cambio significó un aumento de la información que hasta el momento se proporcionaba al trabajador, ya que no solo consta la base de cotización y el tipo de retención del trabajador, sino que se añade la aportación que le corresponde realizar al empresario.

Para conocer las características del recibo de salarios, nos centraremos en la formación que van a recibir Andrea y Fernando antes de incorporarse a la plantilla de la empresa Onubis Asesores, S. L.

2. Concepto y contenido de la nómina

☞ **HILO CONDUCTOR**

Andrea y Fernando acaban de finalizar sus estudios universitarios. Como van a trabajar en el Departamento Laboral de la empresa Onubis Asesores, van a realizar un curso de formación sobre la gestión de los temas relacionados.

El contenido del curso se estructura en varios módulos formativos. El primero de ellos es el que está relacionado con las nóminas y los seguros sociales. El formador ha comenzado por los conceptos más básicos que deben saber sobre el tratamiento que requieren las nóminas.

La **nómina** no solo sirve para garantizar al deudor de la retribución, la empresa, la efectividad del pago liberatorio, sino también para hacer comprensibles a la persona trabajadora las diversas partidas, en su caso, que integran dicha retribución.

Lo que documenta el salario, comúnmente conocido como *nómina*, se ha de realizar mediante la entrega a la persona trabajadora de un recibo individual y justificativo del pago, en su modelo oficial o sustitutivo acordado.

Con la entrega del recibo de salarios a la persona trabajadora se evitan posibles fraudes por parte de la empresa.

 **DEFINICIÓN**

Nómina

Es el documento acreditativo del abono de las distintas partidas que conforman el salario de la persona trabajadora.

La nómina debe estar ajustada al modelo aprobado por el ministerio competente en materia laboral, regulado por la **Orden Ministerial de 27 de diciembre de 1994.** Puede ocurrir que, por convenio colectivo o, en su defecto, por acuerdo entre la empresa y los representantes de las personas trabajadoras, se establezca otro modelo que contenga con la debida claridad y separación las diferentes percepciones del trabajador, así como las deducciones que legalmente procedan.

La orden ministerial, además de recoger el modelo oficial del recibo de salarios, incluye aspectos tales como:

Entrega
- La empresa debe entregar un duplicado de la nómina a las personas trabajadoras, como justificante del pago en moneda de curso legal de las cantidades correspondientes a la liquidación practicada.

Firma
- El recibo debe ser firmado por el trabajador para que quede constancia del pago recibido. En el supuesto de realizarse por medio de transferencia, el comprobante de la entidad bancaria sustituirá a la firma.

Conservación
- Estos documentos deben permanecer archivados durante un período mínimo de 5 años, al objeto de poder ser consultados en caso de ser necesario.

 PARA SABER MÁS

La normativa española que regula el recibo individual de salarios es la Orden Ministerial de 27 de diciembre de 1994, en la que se incluye el nuevo modelo introducido por la Orden ESS/2098/2014, de 6 de noviembre. Puedes conocer la norma accediendo aquí:

https://redirectoronline.com/adgd188po0101

En la norma, el **modelo oficial** del recibo individual justificativo del pago de salarios es el que aparece a continuación:

Empresa:	Trabajador:
Domicilio:	NIF:
	Núm. Afil. Seguridad Social:
CIF:	Grupo Profesional:
CCC:	Grupo de Cotización:

Período de liquidación: del _____ de _____ al _____ de _____ de 20____   Total días [ ]

		IMPORTE	TOTALES
I.	DEVENGOS		
1.	Percepciones salariales		
	Salario base..	_____	
	Complementos salariales:		
	....	_____	
	....	_____	
	....	_____	
	Horas extraordinarias............................	_____	
	Horas complementarias (Contratos a tiempo parcial)	_____	
	Gratificaciones extraordinarias................	_____	
	Salario en especie.................................	_____	
2.	Percepciones no salariales		
	Indemnizaciones o suplidos		
	....	_____	
	Prestaciones e Indemnizaciones de la Seguridad Social		
	....	_____	
	Indemnizaciones por traslados, suspensiones o despidos		
	....	_____	
	Otras percepciones no salariales		
	....	_____	
	A. TOTAL DEVENGADO		
II.	DEDUCCIONES		
1.	Aportación del trabajador a las cotizaciones a la Seguridad Social y conceptos de recaudación conjunta		
		%	
	Contingencias comunes + MEI	_____	
	Desempleo	_____	
	Formación Profesional	_____	
	Horas extraordinarias.................................	_____	
	....	_____	
	TOTAL APORTACIONES		
2.	Impuesto sobre la renta de las personas físicas................	_____	
3.	Anticipos.................................	_____	
4.	Valor de los productos recibidos en especie	_____	
5.	Otra deducciones	_____	
	B. TOTAL A DEDUCIR		
	LÍQUIDO TOTAL A PERCIBIR (A — B)		

_____ de _____ de 20____

Firma y sello de la empresa   RECIBÍ

_____   _____

DETERMINACIÓN DE LAS BASES DE COTIZACIÓN A LA SEGURIDAD SOCIAL Y CONCEPTOS DE RECAUDACIÓN CONJUNTA Y DE LA BASE SUJETA A RETENCIÓN DEL IRPF Y APORTACIÓN DE LA EMPRESA

CONCEPTO	BASE	TIPO	APORTACIÓN EMPRESA
1. Contingencias comunes + MEI			
Importe remuneración mensual .... _____			
Importe prorratas pagas extraordinarias ... _____			
TOTAL.................			
2. Contingencias profesionales y conceptos de recaudación conjunta			
AT y EP			
Desempleo........................			
Formación Profesional			
Fondo Garantía Salarial......			
3. Cotización adicional horas extraordinarias................			
4. Base sujeta a retención del IRPF			

Modelo nómina

[16]

Su contenido ha de **reflejar la fiel estructura** que sobre el salario se hubiese acordado en convenio colectivo o, en su defecto, en el contrato individual, debiendo consignar de forma bien diferenciada los siguientes conceptos:

Devengos
- Incluyen el salario base y, en su caso, los distintos complementos que le correspondan a la persona trabajadora, según sean personales, de puesto de trabajo, por calidad o cantidad de trabajo, por situación o resultados de la empresa, de vencimiento periódico superior al mes, etc.

Deducciones
- Están compuestas por las cuotas a la Seguridad Social, las retenciones del IRPF, los anticipos aplicados, los productos en especie recibidos y demás conceptos relacionados.

Líquido a percibir
- Importe total a percibir por la persona trabajadora correspondiente al período de tiempo indicado en el recibo de salario, y que no podrá ser superior al mes.

Bases de cotización y aportación empresarial a la Seguridad Social
- Especificación de las distintas bases de cotización e importes, bien diferenciados, de los distintos conceptos cotizables por la empresa por esa persona trabajadora concreta.

NOTA

Cuando proceda, también es obligatorio hacer constar en la nómina las indemnizaciones o suplidos por gastos, las prestaciones de la Seguridad Social y las indemnizaciones por traslados, suspensiones o despidos.

El incumplimiento por parte de la empresa de determinadas obligaciones sobre el recibo de salarios está tipificado **como infracción en materia de relaciones labores,** sancionable con una cuantía económica. Así, se califican y se sancionan de la siguiente forma:

Utilización, sin previa autorización, de recibos de salarios distintos del modelo oficial, o del modelo sustitutivo acordado

- Constituye una infracción leve.
- Sancionable con una multa de cuantía entre 70 y 750 €.

Omisión en el cumplimiento de consignar en el recibo de salarios las cantidades realmente abonadas a la persona trabajadora

- Constituye una infracción grave.
- Sancionable con una multa de cuantía entre 751 y 7.500 €.

 SABÍAS QUE...

El Real Decreto Legislativo 5/2000, de 4 de agosto, por el que se aprueba el texto refundido de la Ley sobre Infracciones y Sanciones en el Orden Social, recoge el tipo de infracción de estos incumplimientos en sus artículos 6.2 y 7.3; y las sanciones correspondientes en su artículo 40.1, apartado a y b respectivamente.

 EJEMPLO

Los datos para la elaboración de la nómina del trabajador Javier López Arroyo, de la empresa Belpes, son:

Datos empresa

Razón social: Compañía Belpes
Domicilio: Valencia
NIF: A-89871342
Código de cuenta de cotización: 52/002233476
Actividad: fabricación de productos de caucho y plástico (CNAE 22)

Continúa en página siguiente >>

<< Viene de página anterior

Datos trabajador

Nombre: José Luís Durán González
NIF: 75909087D
N.º Seg. Social: 01/4567154
Categoría: oficial de 1.ª
Grupo de cotización: 8
Período: Del 1 al 31 de marzo
Retribuciones en el mes:

Salario base: 40,00 €/día
Plus de transporte: 2,40 €/día hábil

IRPF: 7 %
Días del mes: 31
Días hábiles: 23

Gratificaciones extraordinarias que se perciben mensualmente: dos pagas (Navidad y verano) equivalentes a 30 días de salario base cada una.

Con la información proporcionada se realizan los cálculos necesarios y se obtiene la nómina de este trabajador, quedando todos los conceptos reflejados como se muestra en la imagen:

Continúa en página siguiente >>

<< Viene de página anterior

Empresa: COMPAÑÍA BELPES	Trabajador: JOSÉ LUIS DURÁN GONZÁLEZ
Domicilio: VALENCIA	NIF: 75909087D
	Núm. Afil. Seguridad Social: 01/4567154
CIF: A-89871342	Grupo Profesional: OFICIAL DE 1ª
CCC: 52/002233476	Grupo de Cotización: 8

Período de liquidación: del **1** de **marzo** al **31** de **marzo** de 20 **XX**   Total días **31**

I. DEVENGOS	IMPORTE	TOTALES
1. Percepciones salariales		1.443,67
Salario base (40 € x 31 días)	1.240,00	
Complementos salariales:		
Horas extraordinarias		
Horas complementarias (Contratos a tiempo parcial)		
Gratificaciones extraordinarias	203,67	
Salario en especie		
2. Percepciones no salariales		55,20
Indemnizaciones o suplidos		
Plus de transporte (2,40 € x 23 días hábiles)	55,20	
Prestaciones e Indemnizaciones de la Seguridad Social		
Indemnizaciones por traslados, suspensiones o despidos		
Otras percepciones no salariales		
A. TOTAL DEVENGADO		1.498,87

II. DEDUCCIONES	%		
1. Aportación del trabajador a las cotizaciones a la Seguridad Social y conceptos de recaudación conjunta			
Contingencias comunes + MEI	4,80	71,95	
Desempleo	1,55	23,23	
Formación Profesional	0,10	1,50	
Horas extraordinarias			
TOTAL APORTACIONES			96,68
2. Impuesto sobre la renta de las personas físicas	7	104,92	
3. Anticipos			
4. Valor de los productos recibidos en especie			
5. Otra deducciones			
B. TOTAL A DEDUCIR			201,60
LÍQUIDO TOTAL A PERCIBIR (A − B)			1.297,27

                                                                    31 de **marzo** de 20 **XX**

Firma y sello de la empresa   RECIBÍ

COMPAÑÍA BELPES   Jose Luis Durán González

DETERMINACIÓN DE LAS BASES DE COTIZACIÓN A LA SEGURIDAD SOCIAL Y CONCEPTOS DE RECAUDACIÓN CONJUNTA Y DE LA BASE SUJETA A RETENCIÓN DEL IRPF Y APORTACIÓN DE LA EMPRESA

CONCEPTO	BASE	TIPO	APORTACIÓN EMPRESA
1. Contingencias comunes + MEI			
Importe remuneración mensual ... 1.498,87			
Importe prorratas pagas extraordinarias ...			
TOTAL	1.498,87	24,10	361,23
2. Contingencias profesionales y conceptos de recaudación conjunta			
AT y EP		3,00	44,97
Desempleo	1.498,87	5,50	82,44
Formación Profesional		0,60	8,99
Fondo Garantía Salarial		0,20	3,00
3. Cotización adicional horas extraordinarias			
4. Base sujeta a retención del IRPF	1.498,87		

ACTIVIDAD COMPLEMENTARIA

1. La empresa de Isabel le ha entregado en el mes de abril las nóminas de los meses de enero, febrero y marzo. ¿Está la empresa cometiendo alguna infracción? ¿Qué sanción le corresponde? Explica las respuestas.

3. Encabezamiento: datos

☞ **HILO CONDUCTOR**

El formador del curso ha propuesto una tarea consistente en analizar la estructura de la nómina y exponerlo. Para realizarla, Andrea y Fernando han formado un grupo de trabajo con otra compañera y se han repartido los tres grandes apartados que tiene el documento. A Andrea le ha tocado analizar la primera parte, el encabezamiento.

En el artículo 1 de la orden ministerial que regula el modelo oficial de nómina se establece que esta debe estar ajustada a dicha norma. Analizando su estructura, se puede decir que está formada principalmente por **tres bloques: encabezamiento, parte central y parte final,** cada uno de ellos compuestos, a su vez, por diversos apartados.

No obstante, la norma regula una excepción al citado modelo cuando indica que "los recibos de salarios que, sin eliminar ninguno de los conceptos contenidos en el modelo anexo a la presente orden ni alterar su denominación, contengan modificaciones de carácter puramente formal o incluyan elementos adicionales de información al trabajador sobre la retribución percibida se considerarán ajustados al citado modelo".

Los datos reflejados en el encabezamiento de la nómina se corresponden con el trabajador o la trabajadora que está percibiendo el salario especificado en ella.

A continuación, se desarrollan cada una de las partes de la estructura de una nómina.

El primer bloque, **encabezamiento,** se encuentra situado en la parte superior del documento y está compuesto por la siguiente información:

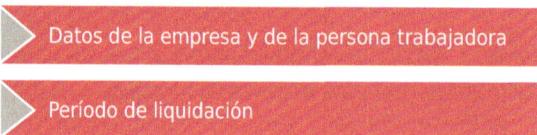

Datos de la empresa y de la persona trabajadora

Período de liquidación

SABÍAS QUE...

La diferencia que existe entre el encabezamiento del modelo oficial de la nómina publicado en el año 1994 y el modelo actualizado en 2014 es la indicación del número del libro de matrícula, documento que actualmente está en desuso.

En esta parte de la nómina deben figurar datos tanto de la empresa como de la persona trabajadora, y más concretamente:

Datos de la empresa

- **Empresa:** nombre o razón social de la entidad.
- **Domicilio:** se corresponde con su domicilio fiscal.
- **NIF:** número de identificación fiscal de la entidad.
- **CCC:** código de cuenta de cotización asignada a la entidad en su inscripción a la Seguridad Social.

Datos de la persona trabajadora

- **Trabajador:** nombre y apellidos.
- **NIF:** número de identificación fiscal.
- **Numero afiliación a la Seguridad Social:** número de la Seguridad Social.
- **Grupo profesional:** el que agrupa las aptitudes profesionales y titulaciones, encuadrando a la persona trabajadora en un determinado grupo.
- **Grupo de cotización:** clasificación profesional de la Seguridad Social donde se agrupa a las personas trabajadoras según las funciones de su puesto de trabajo.

 **DEFINICIÓN**

Domicilio fiscal

Según la Ley General Tributaria, el domicilio fiscal es el lugar donde se localiza al obligado tributario, ya sea persona física o jurídica, en sus relaciones con la Administración. Para las personas físicas, se corresponde con su residencia habitual y, para las personas jurídicas, con su domicilio social.

 VÍDEO

El Centro de Atención Telefónica y Telemática de la Seguridad Social (CATT) facilita la realización de consultas sobre diversa información, entre la que se encuentra la afiliación de las personas trabajadoras y la asignación del código de cuenta de cotización de la empresa. Puedes ver un vídeo donde podrás conocer un poco más sobre este organismo accediendo aquí:

Continúa en página siguiente >>

<< Viene de página anterior

https://redirectoronline.com/adgd188po0102

La información que suministra el **período de liquidación** es el período de tiempo que comprende el recibo de salarios, por ejemplo, desde 01-junio-X1 al 31-junio-X1. Además, se expresa el total de días naturales correspondientes al período de tiempo que se liquida y, por consiguiente, no solamente los días trabajados, sino también los festivos comprendidos en ese período. Se hace constar el número de días naturales que tenga el mes del que se trate, dependiendo de:

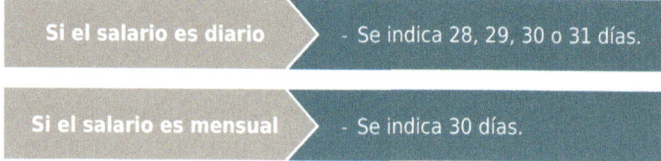

| Si el salario es diario | - Se indica 28, 29, 30 o 31 días. |
| Si el salario es mensual | - Se indica 30 días. |

IMPORTANTE

El período de tiempo al que se refiere la nómina no puede exceder de un mes.

APLICACIÓN PRÁCTICA

A Sergio le han entregado su nómina del mes de febrero, pero este año se da la circunstancia de que es bisiesto. Si el salario de Sergio es diario, ¿qué número de días aparecerán en el apartado Período de liquidación?

Solución

Al ser el salario de Sergio diario en la nómina, se ha de especificar el número de días reales del mes. Como se da la circunstancia de que es año bisiesto y la nómina se corresponde con el mes de febrero, el número de días que se deben indicar en el período de liquidación es 29.

- -

4. Devengos

☞ HILO CONDUCTOR

Siguiendo con la tarea propuesta por el formador, Fernando debe analizar y explicar la parte central de la nómina. Esta parte está distribuida en dos grandes bloques, Devengos y Deducciones. Al tener cada uno mucha información, el equipo de trabajo ha decidido que Fernando solo explique lo que corresponde al bloque Devengos.

- -

La parte central del recibo de salarios está dividido en dos grandes bloques, Devengos y Deducciones. Se entiende como devengos la **suma total de los conceptos retributivos** que percibe la persona trabajadora, que se conoce comúnmente como **salario bruto** o **bruto de la nómina.** Estos conceptos se distribuyen entre percepciones salariales y percepciones no salariales (o extrasalariales).

La claridad en los distintos conceptos retributivos que forman la nómina facilita a las personas trabajadoras la comprobación de los cálculos realizados.

 CONSEJO

Una vez recibida la nómina por parte de la empresa, es aconsejable comprobar que los conceptos retributivos, tanto las percepciones salariales como no salariales, son las que realmente corresponden.

Las **percepciones salariales** retribuyen el trabajo efectivo de la persona trabajadora. Forman parte de ellas los siguientes conceptos:

Salario base	Complementos salariales	Horas extraordinarias
Horas complementarias (contratos a tiempo parcial)	Gratificaciones extraordinarias	Salario en especie

NOTA

La persona trabajadora puede percibir en concepto de complementos salariales cantidades relacionadas con la antigüedad, los conocimientos académicos especiales (idiomas, titulación especializada, etc.), el trabajo nocturno, el trabajo a turnos, los incentivos, la puntualidad y la asistencia al trabajo, la penosidad del puesto y la peligrosidad de las tareas desarrolladas, entre otros.

- -

Por otro lado, se encuentran las **percepciones no salariales o extrasalariales.** Estas se abonan a la persona trabajadora si se producen determinadas circunstancias, pero sin que guarden una relación directa con el trabajo efectivo realizado. Sus características principales son:

> No computan a efectos de indemnizaciones por extinción del contrato ni en salarios por vacaciones, ni períodos de descanso.

> No se benefician de las normas de protección y garantía del salario.

> Están excluidas de la responsabilidad solidaria que se impone a la empresa principal en caso de contratas y subcontratas.

> No computan en el cálculo del valor de la hora extraordinaria.

> No les son aplicables los criterios de compensación y absorción.

Entre las percepciones no salariales se encuentran las indemnizaciones o suplidos, las prestaciones e indemnizaciones de la Seguridad Social, las indemnizaciones por traslados, suspensiones o despidos, y otras percepciones no salariales.

 **PARA SABER MÁS**

El Estatuto de los Trabajadores contempla la posibilidad de aplicar las normas para la compensación y absorción de salarios, cuando proceda. Puedes leer la siguiente noticia para conocer un poco más sobre este fenómeno accediendo aquí:

https://redirectoronline.com/adgd188po0103

La importancia práctica de la distinción entre las percepciones de carácter salarial y las de carácter no salarial radica en el hecho de que, mientras las **percepciones de carácter salarial cotizan a la Seguridad Social, no sucede lo mismo con las de carácter no salarial,** que, reflejadas en el recibo de salarios, están excluidas de cotización. Según este criterio, las percepciones se agrupan de la siguiente forma:

Cotizan a la Seguridad Social
- Salario base
- Complementos salariales
- Horas extraordinarias y complementarias
- Gratificaciones extraordinarias
- Salario en especie

No cotizan a la Seguridad Social
- Indemnizaciones o suplidos
- Prestaciones e indemnizaciones de la Seguridad Social
- Indemnizaciones por traslados, suspensiones o despidos
- Otras percepciones no salariales

✎ DEFINICIÓN

Cotización

Según la Seguridad Social, se puede definir como la acción por la cual los sujetos obligados aportan recursos económicos al sistema de la Seguridad Social en virtud de su inclusión en dicho sistema, por el ejercicio de una actividad laboral.

5. Deducciones

☞ HILO CONDUCTOR

Otro de los apartados que la nómina incluye es el que está relacionado con las deducciones que se practican en ella. Como la compañera de Fernando y Andrea no ha asistido a clase, estos buscan información sobre el apartado que le tocaba a ella y se disponen a exponerlo entre los dos. Son conceptos básicos, nada complicados.

A la hora de confeccionar el recibo de salarios correspondiente al período que se liquida, la empresa debe efectuar las **deducciones** que, por razón de las retribuciones satisfechas a las personas trabajadoras, está **obligada a practicar.** Estas cantidades posibilitan las coberturas de ciertas contingencias pertenecientes a la Seguridad Social. Además, en la nómina se deducen también otras cantidades referidas a cargas fiscales o a circunstancias especiales de los trabajadores.

En la nómina se deben detraer los importes relacionados con las deducciones que correspondan.

Las deducciones que se practican en la nómina son diversas y se agrupan como sigue:

De la Seguridad Social y por conceptos de recaudación conjunta
- Cuantías correspondientes a las contingencias comunes de la Seguridad Social y las deducciones por desempleo, formación profesional y horas extraordinarias.

Retención por IRPF
- Cantidades en concepto de pago a cuenta del impuesto sobre la renta de las personas físicas.

Por cantidades anticipadas
- Importes deducidos por conceptos como anticipos a cuenta de trabajo realizado, anticipo estímulo, indemnizaciones por extinción de contrato por causas objetivas y préstamos con garantía de salario.

Por productos en especie
- Cuantía en que se valoró la retribución en especie.

Otras deducciones
- Importes relacionados con la cuota sindical, el canon por negociación, una sanción disciplinaria, la huelga, el cierre patronal, las ausencias injustificadas, etc.

 IMPORTANTE

La aportación y las cotizaciones a la Seguridad Social que la empresa realiza por cada trabajador son, además de las contingencias comunes, las contingencias profesionales y los conceptos de recaudación conjunta, que incluyen los siguientes: AT y EP (accidente de trabajo y enfermedad profesional), desempleo, formación profesional y Fondo de Garantía Salarial (FOGASA).

TAREA 1

La nómina de Mónica del mes de mayo incluye un nuevo importe correspondiente a su título C1 de francés, que recientemente ha obtenido. Una compañera le ha indicado que se trata de un complemento, pero no tiene claro si es salarial o extrasalarial. ¿Qué diferencia a ambos conceptos? Indica todas las diferencias existentes entre ambos.

- -

6. Aportación empresarial y bases de cotización

 HILO CONDUCTOR

Con la explicación de la última parte de la nómina se da por finalizada la tarea. Las bases de cotización y lo que la empresa paga a la Seguridad Social por cada trabajador son datos relevantes y que deben quedar muy claros. Finalmente, el formador ha facilitado un resumen recapitulativo de la información que incluye el modelo oficial de recibo de salario, con el fin de que el alumnado lo utilice como guía durante el resto del curso.

- -

En la parte final del modelo oficial de la nómina se incluye información sobre las **obligaciones sociales (cotizaciones a la Seguridad Social) y fiscales (retenciones del IRPF),** por parte de la empresa respecto de su plantilla. La necesidad de tener cubiertos determinados riesgos obliga a la empresa y, en su caso, a las personas trabajadoras a efectuar cotizaciones a la Seguridad Social por distintos conceptos; de igual forma, se detallan las cantidades retenidas en concepto del impuesto sobre la renta de las personas físicas.

> Base de cotización por contingencias comunes (BCCC)

> Base de cotización por contingencias profesionales (AT y EP)

Continúa en página siguiente >>

<< Viene de página anterior

> Base de cotización adicional por horas extraordinarias

> Base sujeta a retención del IRPF

Dependiendo del tipo de contingencia, las bases de cotización de la nómina son:

Base de cotización por contingencias comunes (BCCC)

- Comprende la remuneración total (suma de todos los conceptos retributivos que cotizan a la Seguridad Social) y la prorrata de pagas extras. Si la base obtenida no está comprendida entre las bases mínimas y máximas legales del grupo de cotización que corresponda, se cotiza por la mínima o máxima de dicho grupo.

Base de cotización por contingencias profesionales (BCCP) y conceptos de recaudación conjunta

- Para determinar la base de cotización por las contingencias de accidentes de trabajo y enfermedad profesional (AT y EP), se aplican las mismas reglas que para las contingencias comunes, incluyendo además como concepto computable las horas extraordinarias.

NOTA

En la nómina, como conceptos de recaudación conjunta que le corresponden a la empresa, se incluyen desempleo, formación profesional (FP) y FOGASA (Fondo de Garantía Salarial).

- -

Las bases de cotización anteriores no son las únicas que tiene la nómina. Además, están:

Base de cotización adicional por horas extraordinarias

- Se corresponde con el importe de las horas extraordinarias realizadas en el mes que se liquida.

Base sujeta a retención del IRPF

- Se corresponde con el importe del concepto total devengado (suma de los conceptos salariales y no salariales percibidos por el trabajador).

 PARA SABER MÁS

En la web de la Seguridad Social puedes encontrar más información relacionada con las bases de cotización y su tratamiento. Para comprobarlo puedes acceder aquí:

https://redirectoronline.com/adgd188po0104

 TAREA 2

Un trabajador de la empresa Rosae ha detectado que el modelo de nómina que recibe todos los meses no es correcto. Lo ha comunicado al Departamento Laboral y este, desde ese momento, ya le entrega el modelo oficial publicado en la norma legal de 2014. Pero, ¿sabría este trabajador identificar en qué parte del nuevo modelo de nómina se incluyen los siguientes conceptos?

- Nombre de la empresa
- Valor de los productos recibidos en especie
- Base sujeta a retención del IRPF

Continúa en página siguiente >>

<< Viene de página anterior

- Grupo de cotización del trabajador
- Devengos por horas extraordinarias
- Anticipos
- Base de cotización por contingencias comunes
- Firma del trabajador
- Período de liquidación

7. Resumen

Para la empresa, el recibo de salario es un documento que sirve como garantía de la efectividad del pago; y, para la persona trabajadora, sirve como ayuda para comprender las distintas partidas que integran su retribución. La **Orden Ministerial de 27 de diciembre de 1994** (actualizada en 2014) recoge el modelo oficial y las obligaciones en cuanto a la entrega, firma y conservación. El recibo de salario es conocido comúnmente como nómina.

La nómina ha de reflejar la estructura del salario acordado en convenio colectivo o en el contrato, incluyendo los siguientes conceptos: **devengos, deducciones, líquido a percibir, bases de cotización y aportación empresarial.**

Los **incumplimientos** de la empresa relacionados con la nómina se tipifican y sancionan como:

Utilización, sin autorización, de nóminas distintas del modelo oficial, o del modelo sustitutivo acordado
- Infracción leve
- Sanción: multa de **70 a 750 €**

Omisión en el cumplimiento de consignar en la nómina las cantidades realmente abonadas a la persona trabajadora
- Infracción grave
- Sanción: multa de **751 a 7.500 €**

La estructura de la nómina está compuesta por tres partes bien diferenciadas: **encabezamiento, parte central y parte final.** La información que se incluye en cada caso es:

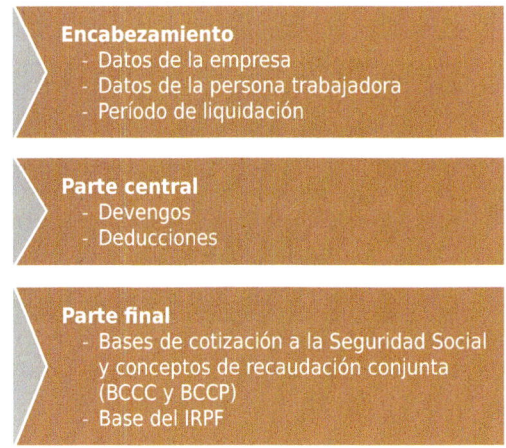

El bloque **Devengos** incluye los conceptos retributivos que percibe la persona trabajadora y que se denominan **salario bruto.** Se calcula sumando las **percepciones salariales** (salario base, complementos salariales, horas extraordinarias y complementarias, gratificaciones extraordinarias y salario en especie) y las **percepciones no salariales** (indemnizaciones o suplidos, prestaciones e indemnizaciones de la Seguridad Social, indemnizaciones por traslados, suspensiones o despidos, otras percepciones no salariales).

El bloque de **Deducciones** refleja aquellas que, por razón de las retribuciones satisfechas a las personas trabajadoras, la empresa está obligada a practicar. Entre ellas se encuentran las relacionadas con la Seguridad Social, el IRPF, los anticipos y los productos en especie.

En la parte final de la nómina se encuentra información sobre las **bases de cotización a la Seguridad Social, la aportación empresarial y la base sujeta a IRPF,** que están formadas por:

Base de cotización por contingencias comunes (BCCC)
- Remuneración total
- Prorrata pagas extraordinarias

Continúa en página siguiente >>

[35]

<< Viene de página anterior

Base de cotización por contingencias profesionales (AT y EP)
- Base de cotización por contingencias comunes
- Horas extraordinarias

Base de cotización adicional por horas extraordinarias
- Importe de las horas extraordinarias realizadas

Base sujeta a retención del IRPF
- Importe del concepto de la nómina, total devengado

Ejercicios de autoevaluación
Unidad de Aprendizaje 1

1. Indica si la siguiente afirmación es verdadera o falsa: "El recibo de salarios no se ajusta a un modelo oficial contemplado en la legislación española".

   ■ Verdadero
   ■ Falso

2. ¿De qué partes consta la nómina? Señala todas las respuestas correctas.

   a. Parte central.
   b. Parte media.
   c. Encabezamiento.
   d. Parte final.

3. Indica si la siguiente afirmación es verdadera o falsa: "Las horas complementarias y el salario en especie se consideran percepciones salariales".

   ■ Verdadero
   ■ Falso

4. ¿Cuántos años deben permanecer archivados los documentos relacionados con la nómina de los trabajadores?

   a. 1.
   b. 3.
   c. 5.
   d. 7.

5. Los datos personales de los trabajadores que se especifican en la nómina son:

   Señala todas las respuestas correctas.

   a. NIF.
   b. CCC.

c. Número de afiliación a la Seguridad Social.
d. Grupo de cotización.

6. Indica si la siguiente afirmación es verdadera o falsa: "Las percepciones no salariales se benefician de las normas de protección y garantía del salario".

■ Verdadero
■ Falso

7. Si el salario es mensual, el período de liquidación tiene…

a. … 31 días.
b. … 30 o 31 días dependiendo del mes.
c. … 30 días.
d. … 28, 29, 30 o 31 días.

8. Indica si la siguiente afirmación es verdadera o falsa: "Si a la base de cotización por contingencias comunes se le suman las horas extraordinarias realizadas se obtiene la base de cotización por contingencias profesionales".

■ Verdadero
■ Falso

9. ¿Cuál de los siguientes conceptos no cotiza a la Seguridad Social?

a. Salario base.
b. Horas extraordinarias.
c. Suplidos.
d. Gratificaciones extraordinarias.

10. Si una empresa utiliza un recibo de salario distinto del modelo oficial o del modelo sustitutivo, ¿cómo se califica la infracción y cuál es su sanción?

Señala todas las respuestas correctas.

a. La infracción es leve.
b. La infracción es grave.

c. La sanción consiste en una multa entre 70 y 750 €.

d. La sanción consiste en una multa entre 751 y 7.500 €.

Identificación de los devengos salariales

Contenido

Objetivos

El objetivo general de esta Unidad de Aprendizaje es:

→ Conocer las percepciones salariales que pertenecen a los devengos de la nómina.

Los objetivos específicos de esta Unidad de Aprendizaje son:

→ Definir el criterio que se ha aplicado en la fijación del salario base.

→ Identificar el tipo de complemento salarial fijado en la nómina.

→ Interpretar las percepciones salariales que se pueden incluir en la nómina.

1. Introducción

Cuando un trabajador recibe la nómina es adecuado y necesario que sepa interpretarla, de esa forma puede comprobar que todo está correcto y que la empresa no está incurriendo en errores. La nómina, como documento justificante del pago del salario, incluye a veces elementos que hacen que su comprensión sea compleja, ya que sus importes son el resultado de cálculos complicados.

El propio Ministerio de Trabajo dedica, en su guía laboral, un apartado al salario haciendo referencia a los distintos elementos que lo componen, expresados en la nómina. Entre ellos están los devengos, que no son otra cosa más que los distintos importes que le corresponden a la persona trabajadora por su prestación de servicios.

Para analizar los elementos del apartado Devengos de la nómina, concretamente los que se incluyen en las percepciones salariales, nos basaremos en la clase práctica que el formador del curso va a impartir a Andrea y Fernando.

2. Salario base

☞ HILO CONDUCTOR

El formador del curso de Andrea y Fernando ha considerado que el primer elemento de la nómina que debe quedar claro es el salario base. Como este puede tomar como referencia distintos criterios, el formador ha creído conveniente invitar a una asesora laboral experta en la materia para que imparta una clase práctica.

El **salario base** es aquella parte de la retribución de la persona trabajadora fijada por unidad de tiempo o de obra sin atender a ninguna otra circunstancia. Su cuantía viene establecida para todas y cada una de las categorías, grupos profesionales o niveles retributivos, en los convenios colectivos.

Se entenderá, salvo pacto en contrario, que los salarios determinados por tiempo fijo (año, mes, semana o día) corresponden a la jornada normal completa de trabajo y al rendimiento mínimo fijado o habitual exigible en la actividad de la que, en cada caso, se trate.

El tipo de salario por tiempo se fija según el número de horas trabajadas, con independencia del rendimiento.

El Gobierno, con carácter anual, regula la retribución mínima que deben percibir los trabajadores, cualquiera que sea la actividad que desempeñen, por su trabajo. Esta retribución mínima es el denominado **salario mínimo interprofesional,** caracterizado por:

> Se puede revisar semestralmente si no se cumplen las previsiones de IPC. Previamente se realiza una consulta a las organizaciones sindicales y empresariales más representativas.

> La revisión del SMI no afecta a aquellos salarios que ya se estuvieran percibiendo por las personas trabajadoras, siempre que fueran superiores a dicho salario mínimo.

> La cuantía del SMI es inembargable, excepto lo regulado en el art. 608 de la Ley 1/2000. Todo lo que supere esa cuantía se trata según lo regulado en el art. 607 de dicha norma.

> Debe ser respetado tanto por la negociación colectiva (u otros acuerdos colectivos) como por los contratos individuales de trabajo. La cuantía resultante debe ser superior, nunca inferior.

NOTA

El salario base no está referenciando al Salario Mínimo Interprofesional. No obstante, saber en qué consiste es importante, ya que es un elemento a tener en cuenta en la nómina.

En el salario mínimo interprofesional se incluye solo la retribución en dinero, sin que el salario en especie, de existir, aminore la cuantía íntegra en dinero de dicho salario.

Según el **Real Decreto-ley 3/2004, de 25 de junio,** para la racionalización de la regulación del SMI y para el incremento de su cuantía, este se desvincula de las cuantías de todas las prestaciones, ayudas y subvenciones en ámbitos distintos del sociolaboral (justicia, vivienda, educación...). Todas estas prestaciones pasan a estar referenciadas por el denominado **indicador público de rentas de efectos múltiples (IPREM).**

El IPREM se publica cada año en la ley de presupuestos generales del estado, y sus cuantías están vigentes durante el año de referencia de la norma. La evolución de este indicador desde su creación se puede ver en la siguiente gráfica:

IPREM mensual

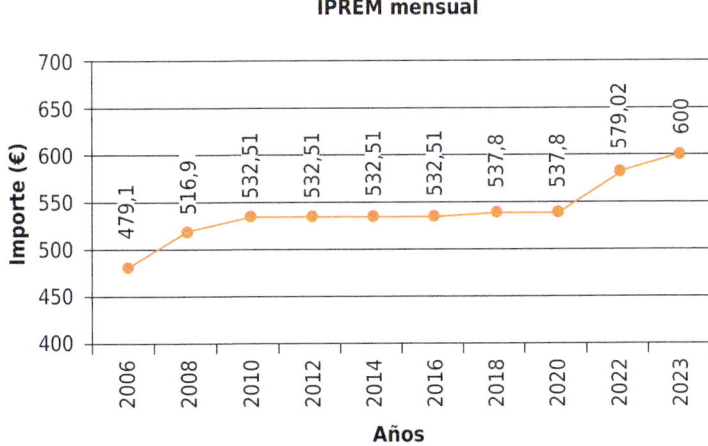

PARA SABER MÁS

El IPREM nace a raíz de lo establecido en el artículo 2 del Real Decreto-ley 3/2004, de 25 de junio. Puedes consultar el artículo accediendo aquí:

https://redirectoronline.com/adgd188po0201

 ACTIVIDAD COMPLEMENTARIA

2. Localiza información sobre la evolución que ha sufrido el salario mínimo interprofesional a lo largo de los años para realizar una gráfica que ponga de manifiesto su crecimiento.

Los criterios para fijar el salario base son **dos** y sus características son:

> **Salario establecido por convenio**
> - El SMI deja de ser el mínimo obligatorio para aquellos trabajadores a los que les resulte de aplicación el fijado en convenio colectivo, debiendo este ser, en su conjunto y cómputo anual, superior a aquel. Los convenios deben determinar las tablas salariales aplicables a los sectores que regulan, diferenciando a las personas trabajadoras por su categoría profesional, ya que, en este caso, la categoría sí es tenida en cuenta a la hora de determinar la cuantía del salario.

Continúa en página siguiente >>

<< Viene de página anterior

Salario pactado o mejora voluntaria

- El salario establecido por convenio dejará de tener efectividad cuando por contrato se pacte un salario superior entre la empresa y la persona trabajadora directamente. O, también, cuando la empresa estime oportuna una mejora voluntaria en función del trabajo prestado o de la marcha económica. Este nuevo salario pasa a ser el obligatorio, prevaleciendo sobre el SMI o lo establecido en convenio.

 PARA SABER MÁS

Uno de los criterios de determinación del salario base es a través del convenio colectivo de aplicación. Puedes leer un artículo en el que se explica qué es, para qué sirve y cómo conocer cuál es el que corresponde, accediendo aquí:

https://redirectoronline.com/adgd188po0202

 **RECUERDA**

El salario base es uno de los componentes del salario bruto de la nómina que se incluye en el bloque de Devengos, en el apartado percepciones salariales.

En la determinación del criterio aplicable cuando se fija el salario base existen estas **dos reglas:**

1	- En los casos en los que los salarios convencionales (por convenio) sean inferiores al SMI o los pactados queden por debajo de los convencionales (siempre medidos en conjunto y cómputo anual), se aplican automáticamente los superiores.

2	- En estos salarios mínimos se computan tanto la retribución en dinero como en especie y se entienden referidos a la jornada legal de trabajo en cada actividad, sin incluir, en el caso de los salarios diarios, la parte proporcional de los domingos y días festivos.

IMPORTANTE

El valor del salario base puede ser inferior al salario mínimo interprofesional siempre que los ingresos profesionales en conjunto sean superiores a dicho salario mínimo.

APLICACIÓN PRÁCTICA

Una empresa quiere determinar el salario base de Ángel, mozo de almacén del Departamento de Logística, y cuenta con los siguientes importes de referencia. ¿Cuál debe elegir?

- **1.015 €, que se corresponde con el salario base de un trabajador de las mismas características y que pertenece a una empresa del sector.**
- **1.000 €, que es el SMI del período de liquidación.**
- **1.008 €, que es el de la categoría profesional del trabajador, establecido en el convenio colectivo de aplicación.**
- **998 €, que se corresponde con el salario base pactado por el gerente de la empresa y el trabajador.**

Continúa en página siguiente >>

<< Viene de página anterior

Solución

El salario base que la empresa debe elegir es el mayor entre el SMI, el establecido en convenio colectivo o el pactado con el gerente, ya que la primera opción (el que se corresponde con un trabajador similar de otra empresa) no es válida. En este caso, el salario base resultante asciende a 1.008 €, ya que es el mayor entre las tres opciones que tener en cuenta.

---

3. Percepciones salariales

☞ HILO CONDUCTOR

En la última clase que el formador va a dar sobre los devengos salariales, Fernando y Andrea han planteado varias dudas sobre las horas complementarias y el salario en especie. Para que estos conceptos queden claros, les ha puesto un vídeo sobre los tipos de percepciones salariales que se pueden dar en una nómina.

El **salario bruto,** que se corresponde con el total devengado en la nómina, se define como la suma de todos los importes que va a recibir la persona trabajadora, diferenciándose entre **percepciones salariales** (salario base, complementos salariales, horas extraordinarias, gratificaciones extraordinarias, etc.) y **percepciones no salariales** (suplidos, indemnizaciones, prestaciones de la Seguridad Social, etc.).

Si al salario bruto se le descuentan las retenciones del IRPF y las aportaciones a la Seguridad Social correspondientes al trabajador, se obtiene el salario neto o el **líquido a percibir.**

En el siguiente gráfico se esquematiza cómo se obtiene el salario líquido:

Devengos	Menos	Deducciones	Salario neto o líquido
- Percepciones salariales - Percepciones no salariales		- Aportaciones a la Seguridad Social - IRPF - Anticipos - Productos en especie	

 **RECUERDA**

Las percepciones salariales son aquellas retribuciones que reciben las personas trabajadoras y que están estrechamente relacionadas con el trabajo.

El conjunto de percepciones salariales que se integran en la nómina de las personas trabajadoras está formado por el salario base, los complementos salariales y **otras percepciones.** Estas últimas, que también se detallan de forma individual en la nómina, son las siguientes:

Horas extraordinarias	Horas complementarias	Gratificaciones extraordinarias	Salario en especie

A continuación, se explica en qué consisten estas percepciones salariales.

Las **horas extraordinarias** son aquellas que exceden de la duración máxima de trabajo que está establecida en la empresa. En los convenios colectivos, o en su defecto en el contrato individual, puede establecerse, o bien la opción de abonar en la nómina las horas extraordinarias en la cuantía que se fije, que en ningún caso puede ser inferior al valor de la hora ordinaria, o bien compensarlas por el tiempo equivalente de descanso retribuido.

 **NOTA**

Las horas extraordinarias están recogidas en el artículo 35 del Real Decreto Legislativo 2/2015, de 23 de octubre, por el que se aprueba el texto refundido de la Ley del Estatuto de los Trabajadores (ET).

Existen distintos **tipos** de horas extraordinarias. Sus características son:

➲ **Estructurales:**

 ◊ **Definición:** son realizadas de forma voluntaria para atender situaciones normalizadas en el trabajo.

◐ **Límite:** 80 horas al año para personas trabajadoras que tengan jornada completa y la parte proporcional que corresponda si la jornada de trabajo es parcial.

◐ **Retribución:** si la contraprestación se realiza de forma monetaria, no debe ser inferior a la retribución ordinaria, mientras que, si la retribución se hace mediante descanso, deberá hacerse efectivo en un plazo de 4 meses y por un tiempo equivalente de descanso retribuido.

◐ **Prohibiciones:** menores de 18 años, personas trabajadoras con turno de noche y personas con discapacidad.

⊃ **Por fuerza mayor:**

◐ **Definición:** son horas que se deben cumplir obligatoriamente a causa de desastres naturales, incendios, etc.

◐ **Límite:** no tiene límite de horas al año.

◐ **Retribución:** si la contraprestación se realiza de forma monetaria, no debe ser inferior a la retribución ordinaria, mientras que, si la retribución se hace mediante descanso, deberá hacerse efectivo en un plazo de 4 meses y por un tiempo equivalente de descanso retribuido.

◐ **Prohibiciones:** personas trabajadoras con edad inferior a 18 años.

 ACTIVIDAD COMPLEMENTARIA

3. Resuelve el siguiente caso: la empresa Tabeta, S. L., ha sufrido una inundación por el desborde de un río cercano, motivado por numerosas tormentas acaecidas en los últimos días. La dirección de la empresa comunica a la plantilla que hay que realizar horas extraordinarias hasta que las instalaciones vuelvan a la normalidad. ¿Es legal la decisión tomada por la dirección?

Además, tendrás que razonar tu respuesta y realizar un resumen de los puntos más relevantes del artículo de la normativa española donde se regulan las horas extraordinarias.

Se consideran **horas complementarias,** según el art. 12.5 del ET, las que se realizan como complemento a las horas normales pactadas en el contrato a tiempo parcial. Las **reglas** por las que se rigen son:

⊃ Para su realización debe existir un pacto expreso previo con la persona trabajadora.

- Solo se pueden realizar bajo un contrato a tiempo parcial de jornada superior a 10 horas a la semana.
- En el pacto alcanzado se ha de expresar el número de horas que pueden ser requeridas por la empresa.
- Como mínimo, tres días antes (o el plazo recogido en convenio) de la realización de las horas, la persona trabajadora debe conocer el día y la hora.
- La persona trabajadora puede renunciar al pacto de horas alegando reponsabilidades familiares, necesidades formativas o incompatibilidad con otro contrato a tiempo parcial.
- Los límites en cuanto a descansos y jornada son los mismos que los regulados en los arts. 34.3 y 4, 36.1 y 37.1 del ET.
- Como máximo se pueden pactar como horas complementarias el 30 % de las horas ordinarias; o, en su caso, entre el 30 % y el 60 %, si es en convenio colectivo.

La retribución de **las horas complementarias se equipara a la de las horas ordinarias.** Asimismo, las horas complementarias se tienen en cuenta en las bases de cotización a la Seguridad Social. En la nómina y en los documentos de cotización se deben incluir tanto el número de horas realizadas como su retribución.

Las **gratificaciones extraordinarias** son aquellas percepciones de carácter periódico, no esporádicas, cuya periodicidad supera el mes: pagas extraordinarias, participación en beneficios y cualquier otra que convencionalmente pudiera otorgarse en función de la situación y resultados de la empresa. Las **características** de esta percepción salarial que se incluye en la nómina son las siguientes:

> Son dos gratificaciones extraordinarias al año, una por las fiestas de Navidad y otra en el mes fijado en convenio colectivo o por acuerdo entre las partes.

> Su importe se determina por convenio colectivo y se puede prorratear en doce mensualidades si se acuerda en este.

> El sistema de devengo está establecido por convenio colectivo y es proporcional a la permanencia en la empresa en el semestre o año anterior a su devengo. A falta de este, se devengará en proporción al tiempo de servicio del año anterior a su cobro.

Continúa en página siguiente >>

<< Viene de página anterior

> Las gratificaciones extraordinarias no se devengan durante el período de incapacidad temporal, de ahí que esos días se han de descontar del total de días devengados a que tenga derecho percibir la paga.

 EJEMPLO

La empresa le comunica a un trabajador con retribución mensual que tiene derecho a percibir dos pagas extras al año a razón de 810,30 € cada una con devengo semestral. También tiene derecho a otra paga de beneficios con devengo anual de 900 €. Los cálculos para conocer el importe de la prorrata de ambas gratificaciones extraordinarias para el mes de enero son:

- De las dos pagas de 810,30 €, el importe del prorrateo es:

  810,30 € / 6 meses = 135,05 € (solo se tiene en cuenta una paga extra por tener devengo semestral).

- De la paga de beneficios de 900 €, el importe del prorrateo es: 900 € / 12 meses = 75 € (por tratarse de devengo anual).

Total = 135,05 + 75 = 210,05 €.

- -

 TAREA 3

Alberto ha iniciado su actividad en la empresa Abis en el mes de octubre de 20X2, ¿le corresponden gratificaciones extraordinarias? ¿Cómo se aplican?

- -

Constituye percepciones en especie de carácter salarial (**salario en especie**) la utilización, consumo u obtención para fines particulares de bienes, derechos o servicios de forma gratuita o por precio inferior al normal de mercado, cuya entrega por parte de la empresa sea debida a una norma, convenio colectivo o contrato de trabajo, y no constituyan asignaciones de carácter asistencial.

El salario en especie **no puede superar el 30 % del conjunto del resto de percepciones salariales** de la persona trabajadora.

 SABÍAS QUE...

Cualquier objeto o servicio que tenga en sí un valor económico puede realizar igual función retributiva que las entregas en dinero.

Las remuneraciones en bienes distintos del dinero, que pueden percibir las personas trabajadoras en su nómina, solo tienen la **consideración legal de salario** cuando se cumpla alguno de los siguientes **requisitos:**

1	- Su entrega no sea obligatoria para la empresa.
2	- Responda a beneficios de asistencia social que comprendan no solo a las personas trabajadoras, sino también a los pensionistas o herederos de las personas trabajadoras.

Entre otras, se consideran retribuciones salariales en especie las siguientes: manutención, alojamiento, casa, etc.

 EJEMPLO

Un trabajador con un contrato de duración determinada a tiempo completo, con categoría profesional de oficial administrativo (realiza exclusivamente tareas de oficina), pertenece al grupo de cotización 5 y tiene las siguientes retribuciones durante el mes de junio:

- Salario base: 1.241,42 €
- Antigüedad: 72,12 €
- Plus actividad: 120,20 €

Continúa en página siguiente >>

<< Viene de página anterior

También se le suponen realizadas horas extraordinarias por los siguientes importes:

- Horas extraordinarias por fuerza mayor: 36,06 €
- Horas extraordinarias estructurales: 42,07 €

Además, tiene reconocidas dos pagas extraordinarias de salario base y antigüedad de devengo anual.

Con la información de este trabajador, la parte de la nómina que se corresponde con el apartado Percepciones salariales queda de la siguiente forma:

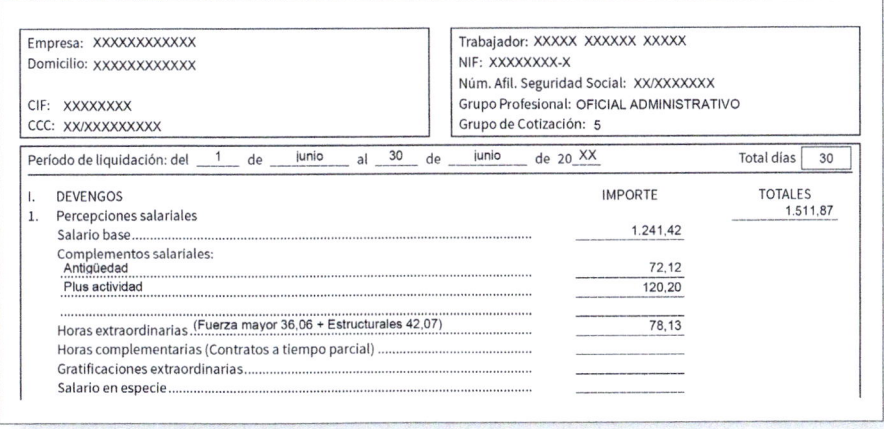

4. Complementos salariales

👉 HILO CONDUCTOR

En esta ocasión le toca el turno a otro elemento de la nómina, los complementos salariales. El formador ha propuesto, para hacer la clase más fiel a la realidad, que los alumnos aporten nóminas con complementos salariales. Andrea ha llevado la nómina de su madre, que recibe un importe por sus conocimientos de chino. Fernando ha llevado la nómina de su pareja, que, por tener un máster en nutrición infantil, le pagan un importe adicional.

Se consideran **complementos salariales** aquellos que no han sido valorados al determinar el salario base. Tales complementos pueden venir regulados en las leyes o en los convenios colectivos, o pueden haberlos establecido o pactado la dirección de la empresa. En la nómina, estos complementos se incluyen en el **apartado de percepciones salariales del bloque Devengos.**

Estos se pueden clasificar en:

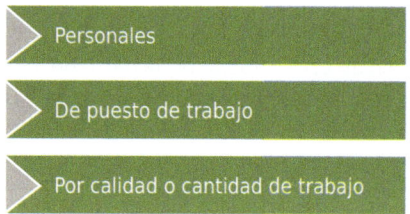

Personales

De puesto de trabajo

Por calidad o cantidad de trabajo

 **NOTA**

Algunos complementos salariales que se pactan comúnmente en la negociación colectiva son la antigüedad, las gratificaciones extraordinarias, la participación en beneficios y los complementos al puesto de trabajo (penosidad, toxicidad, peligrosidad, etc.).

Los **complementos personales** se establecen por las condiciones personales del trabajador si no han sido tenidos en cuenta a la hora de fijar el salario base. Los más importantes son:

Antigüedad
- Es un plus establecido en función del tiempo que se lleve trabajando en la empresa. Los períodos establecidos para cobrar este plus suelen ser estos: bienio (2 años), trienio (3 años), quinquenio (5 años), sexenio (6 años).

Conocimientos especiales
- Los trabajadores pueden percibir este complemento cuando se sirven de determinados conocimientos, como idiomas o la posesión de un título, siempre que no hayan sido tenidos en cuenta a la hora de fijar el salario base.

◎ EJEMPLO

Raúl trabaja en una asesoría laboral en Madrid. Un cliente, que está acogido al convenio colectivo autonómico del sector de oficinas y despachos, tiene una duda sobre la antigüedad. Una de sus trabajadoras, que trabaja en la empresa desde 2019, piensa que le corresponde el complemento personal de antigüedad a los tres años y no a los cuatro años, como le ha indicado la empresa.

Raúl le envía un correo electrónico a su cliente en el que se transcribe el artículo del convenio colectivo donde se regula el complemento personal de antigüedad. En él se comprueba que a esta trabajadora le corresponde el complemento de antigüedad a los cuatro años por un 4 % del salario base.

Resolución de 22 de julio de 2022, de la Dirección General de Trabajo de la Consejería de Economía, Hacienda y Empleo, sobre registro, depósito y publicación del Convenio Colectivo del Sector de Oficinas y Despachos.

Art 22.º.- COMPLEMENTO PERSONAL DE ANTIGÜEDAD

1. *Los trabajadores y trabajadoras percibirán un complemento personal de antigüedad por cada cuatro años de servicios, cuya cuantía se calcula aplicando el porcentaje del 4 por 100 del sueldo base por cuatrienio.*
2. *Los cuatrienios se computarán en razón del tiempo servido en la empresa, comenzándose a devengar desde el primero de enero del año en que se cumpla el cuatrienio.*
3. *No obstante lo establecido en los puntos 1 y 2 de este precepto, se respetará como condición más beneficiosa: a) Los trienios devengados por las personas trabajadoras antes del primero de enero de 1993 los seguirán percibiendo al 5 por 100 del sueldo base. b) Los trienios devengados por las personas trabajadoras durante los años 1993 al 1996 los seguirán percibiendo al 4 por 100 del sueldo base.*
4. *La acumulación de los incrementos por antigüedad no podrá, en ningún caso, suponer más del 10 por 100 a los cinco años, del 25 por 100 a los quince años, del 40 por 100 a los veinte años, y del 60 por 100, como máximo, a los veinticinco o más años.*

Los **complementos de puesto de trabajo** se perciben por las características especiales del puesto de trabajo que lo diferencian del puesto corriente y se dejarán de percibir en el momento en que finalice la tarea que da origen al complemento:

Penosidad, toxicidad, peligrosidad, trabajo a turnos
- Se percibirán cuando así lo establezca el convenio colectivo o la autoridad laboral, cuando el puesto de trabajo reúna esas características y únicamente por los días realmente trabajados.

Nocturnidad
- El trabajo nocturno tiene una retribución específica que se determina en la negociación colectiva.

De residencia
- Es un complemento que reciben los trabajadores de la península que se desplazan a Baleares, Canarias, Ceuta y Melilla o viceversa.

 DEFINICIÓN

Trabajo a turnos

Según el artículo 36.3 del ET, se considera trabajo a turnos "toda forma de organización del trabajo en equipo según la cual los trabajadores ocupan sucesivamente los mismos puestos de trabajo, según un cierto ritmo, continuo o discontinuo, implicando para el trabajador la necesidad de prestar sus servicios en horas diferentes en un período determinado de días o de semanas".

TAREA 4

Belén, que presta sus servicios en una empresa de limpieza general de edificios, reclama un plus de peligrosidad, manifestando que pueden existir sustancias que pueden resultar peligrosas. ¿Es correcta la reclamación?

Los **complementos por calidad o cantidad de trabajo** se perciben por realizar mayor cantidad de trabajo o alcanzar un nivel de calidad superior al considerado como normal:

Incentivos por actividad
- Se establecen cuando a la persona trabajadora se le exige un rendimiento en el trabajo superior al considerado como medio.

Asistencia o puntualidad
- Se pueden percibir cuando el nivel de absentismo sea inferior al marcado por la empresa.

NOTA

Los complementos de asistencia y de puntualidad tienen por objeto evitar el absentismo laboral entre los empleados de la empresa.

5. Resumen

Una de las percepciones salariales es el **salario base,** que se define como aquella parte de la retribución de la persona trabajadora fijada por unidad de tiempo o de obra sin atender a ninguna otra circunstancia. En su determinación se pueden aplicar dos criterios:

Salario establecido por convenio
- Cuando este salario sea aplicable a las personas trabajadoras, el salario mínimo deja de ser obligatorio.
- Los convenios colectivos determinan las tablas salariales de las personas trabajadoras según su categoría y sector.

Salario pactado o mejora voluntaria
- Cuando se pacte en contrato un salario mayor que el establecido por convenio o el SMI, estos dejarán de ser efectivos.
- Si el empresario estima conveniente practicar una mejora en el salario, este será el aplicable, prevaleciendo sobre el SMI y el establecido por convenio.

El SMI es la retribución mínima que debe recibir la persona trabajadora por su trabajo, y que se regula anualmente.

En la elección del criterio aplicable en la fijación del salario se han de tener en cuenta dos reglas, relacionadas con los salarios convencionales o por convenio y los salarios mínimos.

Los **complementos salariales** son los que no han sido valorados para determinar el salario base. Se incluyen en el apartado Percepciones salariales del bloque Devengos de la nómina y pueden ser los siguientes: **personales,** en los que se tienen en cuenta las condiciones personales de las personas trabajadoras; **de puesto de trabajo,** en el que se atiende a las características especiales que tenga; **por calidad o cantidad de trabajo,** que se fija por haber realizado un mayor volumen de trabajo o haber alcanzado un nivel superior de calidad. Y se incluyen los siguientes:

➲ **Complementos personales:**

    ↺ **Antigüedad:** plus establecido según el número de años trabajados en la empresa.
    ↺ **Conocimientos especiales:** este se percibe por los conocimientos de idiomas o títulos extras no considerados en el salario base.

➲ **Complementos de puesto de trabajo:**

    ↺ **Penosidad, toxicidad, peligrosidad y trabajo a turnos:** el convenio colectivo o la autoridad laboral determinan su aplicación si el puesto de trabajo reúne las características y solo por días trabajados.
    ↺ **Nocturnidad:** la negociación colectiva fija una retribución concreta.
    ↺ **De residencia:** es un complemento por desplazamiento a Baleares, Canarias, Ceuta y Melilla.

➲ **Complementos por calidad o cantidad de trabajo:**

    ↺ **Incentivos por actividad:** se establece cuando se exige un rendimiento superior al considerado como medio.
    ↺ **Asistencia o puntualidad:** se puede fijar si el nivel de absentismo es inferior al establecido por la empresa.

El **resto de percepciones salariales** que se incluyen en la nómina son:

➲ **Horas extraordinarias:**

    ↺ Son las que superan la duración máxima de trabajo establecida por la empresa.
    ↺ Existen dos tipos: generales, las realizadas de forma voluntaria para solucionar situaciones normales, que no se pueden realizar más de

80 al año; por fuerza mayor, las realizadas dc forma obligatoria para solucionar algún tipo de desastre, que no tienen límite al año.

➲ **Horas complementarias:**

◑ Son realizadas como complemento a las horas normales pactadas en el contrato a tiempo parcial.
◑ Deben cumplir un conjunto de reglas.
◑ Su retribución se equipara a la de las horas ordinarias.
◑ Se tienen en cuenta en las bases de cotización.

➲ **Gratificaciones extraordinarias:**

◑ Son percepciones periódicas con periodicidad superior al mes.
◑ Pueden ser pagas extraordinarias, participación en beneficios y las propias establecidas por la empresa.
◑ Son dos, una en Navidad y otra según convenio colectivo.
◑ Su cuantía está determinada por convenio colectivo y se puede prorratear.

➲ **Salario en especie:**

◑ Tiene tal consideración la utilización, consumo u obtención de bienes, derechos o servicios para fines particulares, de forma gratuita o a precio rebajado, cuando obedezca a una norma, convenio o contrato.
◑ No puede ser superior al 30 % del conjunto del resto de percepciones salariales.
◑ Deben cumplir unos requisitos para ser considerados salario.

Ejercicios de autoevaluación
Unidad de Aprendizaje 2

1. Indica si la siguiente afirmación es verdadera o falsa: "El salario base es uno de los componentes del salario bruto especificado en el bloque de Deducciones de la nómina".

   ■ Verdadero
   ■ Falso

2. Una de las características del salario mínimo interprofesional es:

   a. Su revisión es anual, aunque las previsiones de IPC no se cumplan.
   b. Es inembargable.
   c. La revisión del SMI afecta a los salarios de las personas trabajadoras aun cuando su importe sea superior a aquel.
   d. En él se incluye la retribución en dinero y el salario en especie.

3. Indica si la siguiente afirmación es verdadera o falsa: "El salario establecido por convenio prevalece respecto del SMI, siempre que su cuantía en cómputo anual sea superior".

   ■ Verdadero
   ■ Falso

4. Los complementos salariales pueden ser...

   Señala todas las respuestas correctas.

   a. ... de puesto de trabajo.
   b. ... de renta.
   c. ... personales.
   d. ... por calidad o cantidad de trabajo.

5. ¿Cómo se denomina el complemento salarial que percibe la persona trabajadora por desplazarse de Ceuta a la península?

   a. Por turnos de trabajo.
   b. De desplazamiento.

c. De residencia.

d. De pernocta.

6. **Indica si la siguiente afirmación es verdadera o falsa: "El salario bruto se obtiene detrayendo las deducciones de las percepciones salariales y no salariales".**

   ■ Verdadero

   ■ Falso

7. **¿Qué complemento puede fijar la empresa para evitar el absentismo laboral?**

   a. Asistencia.

   b. Actividad.

   c. Puntualidad.

   d. Las opciones a y c son correctas.

8. **Indica si la siguiente afirmación es verdadera o falsa: "Entre las percepciones salariales se encuentran las horas extraordinarias y las horas complementarias".**

   ■ Verdadero

   ■ Falso

9. **La realización de horas complementarias, ¿con qué período de antelación mínimo se ha de comunicar a la persona trabajadora?**

   a. Una semana.

   b. Un mes.

   c. No hay límite de tiempo.

   d. Tres días.

10. **Las remuneraciones distintas del dinero tienen la consideración legal de salario cuando:**

Señala todas las respuestas correctas.

    a. Responden a beneficios de asistencias sociales de las personas trabajadoras, pensionistas o herederos de estas.

    b. El período de tiempo de prestación de servicios en la empresa sea superior a un año.

    c. Su entrega no es obligatoria para la empresa.

    d. Su retribución supera el 30 % del resto de percepciones salariales existentes en la nómina.

Identificación de los devengos no salariales

Contenido

Objetivos

El objetivo general de esta Unidad de Aprendizaje es:

→ Conocer las percepciones no salariales o extrasalariales que pertenecen a los devengos de la nómina.

Los objetivos específicos de esta Unidad de Aprendizaje son:

→ Explicar el tratamiento fiscal y laboral de las percepciones no salariales.

→ Valorar uno de los tipos de suplidos que forman parte de las percepciones no salariales.

→ Calcular la prestación de incapacidad temporal de la Seguridad Social.

1. Introducción

A lo largo de la vida laboral de las personas son múltiples las circunstancias que ocasionan cambios en la retribución que perciben por la realización de su trabajo. Un traslado temporal o definitivo, un accidente o enfermedad, la extinción o la suspensión temporal de la relación laboral pueden dar lugar a remuneraciones que quedan reflejadas en la nómina.

Aunque parezca una contradicción, las cuantías que las personas trabajadoras reciben como consecuencia de estas situaciones no se consideran salario, aunque en la nómina formen parte de él como percepciones no salariales.

Para conocer mejor los componentes que integran las percepciones no salariales de la nómina de las personas trabajadoras, nos basaremos en la parte del curso que está recibiendo Fernando y Andrea sobre estos elementos.

2. Percepciones no salariales

☞ HILO CONDUCTOR

En esta parte del curso, el formador va a abordar el segundo apartado del bloque Devengos de la nómina, que trata sobre las percepciones extrasalariales o no salariales. Como está integrado por conceptos que a simple vista parecen iguales, los va a desarrollar uno por uno para que queden más claros.

- -

Las **percepciones no salariales o extrasalariales** son aquellas cantidades percibidas por el trabajador, en el marco de la relación laboral o como consecuencia de ella, que **carecen del carácter de contraprestación por los servicios realizados.** Es decir, son retribuciones que perciben las personas trabajadoras, pero no gratifican ni el trabajo efectivo efectuado por ellas ni los períodos de descanso que se cuentan como trabajo efectivo.

Las percepciones extrasalariales carecen de la consideración legal de salario.

 PARA SABER MÁS

La norma española que hace referencia a estas percepciones es el Estatuto de los Trabajadores, concretamente en su artículo 26.2. Puedes buscarlo para visualizarlo accediendo aquí:

https://redirectoronline.com/adgd188po0301

Estas percepciones cuentan con las siguientes **características:**

> No se contabilizan en la retribución de los períodos de descanso.

> Se perciben si el convenio colectivo de aplicación lo regula o si existe acuerdo entre la persona trabajadora y la empresa.

Continúa en página siguiente >>

<< Viene de página anterior

> Todo acuerdo individual sobre incentivos que sea contrario al convenio colectivo o al acuerdo adoptado sobre las percepciones extrasalariales se considera nulo.

> No se tienen en cuenta para el cálculo de ciertas responsabilidades de la empresa.

NOTA

Los períodos de descanso computables como de trabajo son:

* El descanso semanal y días festivos.
* Las vacaciones anuales.
* El descanso, no inferior a 15 minutos, en jornadas que excedan de 6 horas diarias, si así está establecido mediante acuerdo.
* Las ausencias justificadas al trabajo con derecho a retribución (por ejemplo, permisos y licencia para buscar empleo).
* Las interrupciones del trabajo que sean imputables a la empresa por falta de trabajo, o tiempo de tramitación en despidos declarados nulos o improcedentes.

- -

Se consideran **conceptos incluidos** en las percepciones no salariales de la nómina los siguientes:

> Indemnizaciones o suplidos

> Prestaciones e indemnizaciones de la Seguridad Social

> Indemnizaciones por traslados, suspensiones o despidos

> Otras percepciones no salariales

📢 RECUERDA

Las percepciones extrasalariales forman, junto con las percepciones salariales, el bloque Devengos de la nómina.

- -

3. Otras indemnizaciones

👉 HILO CONDUCTOR

La pareja de Fernando ha sido despedida recientemente y en su última nómina aparece un importe nuevo. Fernando le ha consultado al formador de su curso si el importe que aparece se corresponde con la indemnización que debe recibir por despido. El formador le ha facilitado toda la información necesaria para que él mismo resuelva su consulta.

- -

Las indemnizaciones que van reflejadas en la nómina de la persona trabajadora no tienen la consideración de salario, de ahí que estén **incluidas en las percepciones no salariales del bloque Devengos.** Dependiendo del tipo de indemnización, su tratamiento es distinto. Las más comunes que se incluyen en la nómina son las relacionadas con los traslados, la suspensión de la relación laboral, la extinción del contrato de trabajo o las situaciones de incapacidad temporal.

El importe de la indemnización depende del tipo de que se trate.

 **DEFINICIÓN**

Indemnización
Desde el punto de vista laboral, se define como el importe recibido por la persona trabajadora para reparar o como compensación por un gasto soportado, ajeno a su voluntad.

3.1. Indemnizaciones o suplidos

Las cantidades que en concepto de **indemnizaciones o suplidos** aparecen en la nómina se corresponden con aquellas cantidades percibidas por el trabajador en compensación por los gastos ocasionados en el desarrollo de su trabajo. Entre estos conceptos están:

Quebranto de moneda
- Importe destinado a compensar los descuadres de caja en los cobros y pagos realizados a clientes y proveedores.

Gastos de locomoción y dietas de viaje
- Importe para subsanar los gastos de manutención y estancia, así como los de locomoción.

Plus distancia o plus transporte
- Tiene la finalidad de compensar los gastos ocasionados por el traslado al centro de trabajo.

Ropa de trabajo
- Cuantía para resarcir a la persona trabajadora por la adquisición de prendas de trabajo adecuadas.

Útiles y herramientas
- Cantidad destinada a compensar los gastos por el desgaste de útiles y herramientas propios del trabajo.

 **EJEMPLO**

Carmen trabaja en la taquilla del cine de su localidad. En su trabajo, tiene el riesgo de cometer errores de cambio al cobrar a los clientes cuando hay mucha afluencia de público. De parte de la empresa recibe una cantidad al mes y se pregunta qué tratamiento tiene.

El importe que recibe al final de mes por este concepto se denomina **quebranto de moneda.** Se considera como una percepción extrasalarial en concepto de indemnización para resarcir a la trabajadora por las diferencias o desajustes negativos que puedan surgir al realizar su tarea de cobros. Debe figurar en el recibo de salarios, en el apartado Indemnización o suplidos.

A continuación, se desarrollan los gastos de locomoción y dietas de viaje, por ser los más usados en la práctica.

Las **dietas de viaje** son retribuciones de carácter irregular para compensar los gastos que soporta la persona trabajadora por el desplazamiento fuera de su lugar de residencia o de la localidad del centro de trabajo para la realización de actividades propias de su tarea. Su tratamiento en la nómina es:

> El importe íntegro de estos gastos va a formar parte del total devengado de la nómina, al incluirse en el apartado Indemnizaciones o suplidos.

> El importe de los gastos que excedan de las cuantías reguladas como exentas en el Reglamento del IRPF (RIRPF, Real Decreto 439/2007, de 30 de marzo) cotizan a la Seguridad Social y forman parte de la base de cotización.

 **IMPORTANTE**

Desde el punto de vista laboral, las comidas principales se consideran dietas cuando están motivadas por un desplazamiento de la persona trabajadora que se ve obligada a realizarlas fuera de su domicilio habitual. Por contra,

Continúa en página siguiente >>

<< Viene de página anterior

se consideran salario en especie las comidas realizadas en el comedor de la empresa o los *tickets* de restaurante, en su caso.

Los **gastos de locomoción** que soporten las personas trabajadoras como consecuencia de desplazamientos a lugares distintos del de su lugar de trabajo para realizar su actividad, cuando sea por mandato de la empresa, son compensados en la nómina. Respecto del abono de estos gastos, la empresa puede:

1 - Abonar el importe que corresponda.

2 - Abonar un precio por kilómetro (regulado en convenio colectivo o por acuerdo), pero solo en el caso de haber utilizado la persona trabajadora su vehículo.

NOTA

Al igual que en las dietas, los gastos de locomoción íntegros forman parte del apartado Indemnización o suplidos (total devengado) y solo cotizan a la Seguridad Social por las cantidades que excedan de los límites de exención del IRPF.

APLICACIÓN PRÁCTICA

Ángela es una trabajadora cuyo centro de trabajo está en la localidad donde vive, y recibe la orden de sustituir por una semana a un compañero por enfermedad, cuyo centro se encuentra en una localidad situada a 150 km. ¿Por qué concepto le pagarán a Ángela una indemnización?

Continúa en página siguiente >>

<< Viene de página anterior

Solución

Las dietas son una retribución de carácter irregular, existen cuando por orden de la empresa la persona trabajadora, provisionalmente, tiene que ir durante un período de tiempo a otra localidad o lugar distinto de aquel en el que presta sus servicios, habitualmente para efectuar tareas o realizar funciones que le son propias, de manera que tenga que efectuar sus comidas y pernoctar fuera de su domicilio.

- -

El Reglamento del Impuesto sobre la Renta de las Personas Físicas regula en su articulado los importes de los gastos de locomoción y dietas que se consideran **exentos y no exentos;** como se muestra en las siguientes tablas:

		Dietas			
	Alojamiento	Manutención (por día de viaje)			
		España		Extranjero	
Exento	Importe justificado	Pernocta	No pernocta	Pernocta	No pernocta
		53,34 €	26,67 €	91,35 €	48,08 €
No exento	Importe no justificado	Lo que excede de estos importes			

	Locomoción	
	Transporte público	Transporte propio
Exento	Importe justificado	0,26 €/km recorrido + peajes y aparcamiento justificado
No exento	Importe no justificado	Lo que excede de este importe

PARA SABER MÁS

El Real Decreto 439/2017, de 30 de marzo, por el que se aprueba el Reglamento del Impuesto sobre la Renta de las Personas Físicas, en su artículo 9 recoge el tratamiento de los gastos de locomoción y las dietas de viaje. Puedes consultar la normativa accediendo aquí:

https://redirectoronline.com/adgd188po0302

 ACTIVIDAD COMPLEMENTARIA

4. Responde a la siguiente cuestión: ¿crees que el personal de vuelo de las compañías aéreas tiene un tratamiento especial respecto de los gastos de manutención? Busca información de su tratamiento fiscal y laboral y razona tu respuesta.

 EJEMPLO

Un trabajador es enviado durante cuatros días al centro de trabajo que la empresa tiene en otra provincia. Ha presentado la factura del hotel por importe de 300 €. Ha cobrado por dietas, 80 € por día en concepto de estancia y 73 € por día en concepto de manutención.

Continúa en página siguiente >>

<< Viene de página anterior

El importe que por dietas aparece en el apartado de percepciones no salariales de su nómina asciende a un total de 612 € (estancia: 80 × 4 = 320 €; manutención: 73 × 4 = 292 €).

El importe que forma parte de la base de cotización es:

Total dietas:	612,00€
Estancia:	− 300,00 €
Manutención:	− 213,36 €
(53,34 x 4)	
Base cotizac.	98,64 €

El importe de la estancia que está exento es el justificado por la factura del hotel, por eso no forma parte de la base de cotización. En lo que respecta a la manutención, solo está exenta de formar parte de la base la cantidad de 53,34 € por día (establecida por normativa del IRPF).

- -

 TAREA 5

La empresa de Juana le ha comunicado que va a tener que desplazarse a otro centro de trabajo, que está a 150 km de su residencia, para impartir una formación a sus compañeros. En concepto de gastos de locomoción la empresa le va a pagar 100 €.

Juana decide realizar el viaje en su vehículo propio y presenta un justificante de 15 € de un parking de la zona. En su nómina, ¿qué importe va a aparecer en concepto de locomoción en el apartado de percepciones no salariales? ¿Y en la base de cotización?

Realiza los cálculos necesarios para obtener los resultados.

- -

El **plus transporte o distancia** se diferencia de los gastos de locomoción en que el importe del plus compensa al trabajador por los gastos soportados al desplazarse habitualmente a su centro de trabajo. La cantidad que corresponde está recogida en el convenio colectivo de aplicación en la empresa. Su tratamiento en la nómina es el siguiente:

> Su importe íntegro se incluye en el apartado Indemnización o suplidos.

> Cotiza a la Seguridad Social por su importe íntegro.

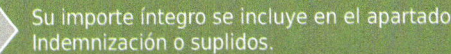 **EJEMPLO**

Alejandro, trabajador de la construcción en la empresa ZAZ, es contratado para prestar sus servicios en una obra, a la que se traslada diariamente desde su domicilio. En este caso no hay lugar ni a dietas ni a gastos de locomoción, puesto que, para tener derecho a estos conceptos, es necesario que el desplazamiento se realice a un centro de trabajo distinto a aquel en el que se prestan los servicios habitualmente. Según la voluntad de la empresa, el trabajador puede percibir una indemnización en concepto de plus de transporte o distancia.

3.2. Indemnizaciones por traslado, suspensión o despido

La empresa, por la existencia de razones económicas, técnicas, organizativas o de producción, puede decidir el **traslado** de sus trabajadores a otro centro de trabajo de la misma empresa, requiriendo un cambio en su residencia habitual de forma definitiva. El traslado puede ser **individual o colectivo** en función del número de personas trabajadoras afectadas.

Las **características de la indemnización** que por traslado percibe la persona trabajadora en su nómina, cuando le corresponde, son las siguientes:

> Hace referencia al importe entregado por la empresa a la plantilla para compensar los gastos o perjuicios derivados de esta situación.

> No cotiza a la Seguridad Social, hasta el límite máximo recogido en el convenio colectivo de aplicación.

Continúa en página siguiente >>

<< Viene de página anterior

> Cuando se extingue el contrato, le corresponde una cuantía de 20 días de salario por año trabajado, con un máximo de 12 meses (art. 40.1 ET).

La **suspensión** del contrato de trabajo es una situación en la que, de forma temporal, la persona trabajadora no tiene la obligación de trabajar ni la empresa de abonarle su salario, permaneciendo en vigor la relación laboral. Para ello, es necesaria una causa que justifique la interrupción temporal de los efectos del contrato, tales como excedencia forzosa, huelga, cierre legal de la empresa, ejercicio de cargo representativo, etc.

NOTA

La indemnización por suspensión del contrato de trabajo rara vez se produce.

La extinción de la relación laboral por voluntad unilateral de la empresa es lo que se conoce como **despido.** Existen tres tipos de despido:

- **Disciplinario:** es la decisión extintiva basada en un incumplimiento grave y culpable del trabajador. Aunque en el Estatuto de los Trabajadores es donde se recogen las causas de dicha decisión, algunos convenios colectivos también incluyen otras. Entre estas causas se pueden mencionar las faltas repetidas e injustificadas de asistencia o puntualidad, la indisciplina o desobediencia en el trabajo o la embriaguez habitual y toxicomanía si repercuten negativamente en el trabajo.
- **Objetivo:** es la extinción del contrato de trabajo por una causa no imputable exclusivamente ni a la empresa ni a la persona trabajadora, y que permite extinguir el contrato por algunas de las siguientes causas: ineptitud de la persona trabajadora; falta de adaptación del trabajador a las modificaciones técnicas del puesto de trabajo; o concurrencia de algunas de las causas económicas, técnicas, organizativas o de producción (causas ETOP).
- **Colectivo:** es la extinción del contrato de trabajo motivado por causas ETOP, cuando, en un período de 90 días, afecten como mínimo al siguiente número de trabajadores en función de la plantilla de la empresa: menos de 100 trabajadores, 10 trabajadores afectados; de 100 a 300

trabajadores, 10 % de las personas trabajadoras; y más de 300 trabajadores, 30 personas trabajadoras.

IMPORTANTE

También se considera despido colectivo el supuesto en el que una empresa,
como consecuencia del cese total de su actividad por causas ETOP, extinga
los contratos de trabajo del total de su plantilla, siempre que el número de
afectados sea superior a cinco.

Las personas trabajadoras que vean extinguido su contrato de trabajo
por un despido tienen derecho a una **indemnización.** El cálculo de su
importe depende de que el despido sea calificado como **procedente o
improcedente:**

Procedente
- **Disciplinario:** no corresponde.
- **Objetivo:** 20 días por año de servicio, con un máximo de 12
  mensualidades.
- **Colectivo:** autorizado por la autoridad laboral, 20 días
  de salario por año de servicio, con un máximo de 12
  mensualidades.

Improcedente
- **Disciplinario:** 33 días de salario por año de servicio, con un
  máximo de 24 mensualidades.
- **Objetivo:** hasta 11-02-2012, 45 días de salario por año de
  servicio hasta un máximo de 42 mensualidades; y, a partir del
  12-02-2012, 33 días de salario por año de servicio hasta un
  máximo de 24 mensualidades (para contratos formalizados
  antes de esta fecha y extinguidos con posterioridad a ella). El
  tope para la indemnización es de 720 días.
- **Colectivo:** no existe la calificación de improcedente. Existe
  el despido no autorizado que impide la extinción de contratos.

El despido también se puede declarar **nulo** en aquellos supuestos en los
que la decisión extintiva sea discriminatoria o suponga una violación de los
derechos fundamentales de la persona trabajadora.

El tratamiento que tiene la indemnización en la nómina es el siguiente:

> Su importe íntegro se incluye en el apartado Indemnizaciones por traslado, suspensión o despido, de las percepciones no salariales.

> La cuantía de la indemnización no tributa en el IRPF, por ello no forma parte de la base de cálculo del impuesto.

> El importe de la indemnización no cotiza a la Seguridad Social, no se incluye en la base de cotización.

 **VÍDEO**

La indemnización por despido que recibe la persona trabajadora queda reflejada en su nómina. Puedes ver varios ejemplos de nóminas con indemnización accediendo aquí:

https://redirectoronline.com/adgd188po0303

👁 **EJEMPLO**

Federico Segovia, un trabajador de la empresa Trensmedit, S. A., cuya actividad económica es el transporte aéreo, tiene una antigüedad en dicha empresa desde el 1 de enero de 2001 y percibe las siguientes retribuciones mensuales:

• Salario: 1.040 €

Continúa en página siguiente >>

<< Viene de página anterior

* Antigüedad: 175 €
* Incentivos: 94 €

Cobra dos pagas extras en los meses de junio y diciembre equivalentes al salario mensual más la antigüedad.

Tiene un horario de jornada continuada, desde las 7:30 h a las 15:30 h. El día 31 de diciembre de 2020 la dirección de la empresa le comunica que se le modifica su jornada de trabajo, que, a partir del día 1 de febrero de 2021, será desde las 8 h a las 13 h y desde las 20 h a las 23 h.

Federico Segovia no está de acuerdo con la decisión de la empresa y presenta una demanda. Se celebra la vista por la cual el juez declara despido improcedente, por vulnerar los derechos de trabajador contenidos en el art. 34.3 del E.T.: "Entre el final de una jornada y el comienzo de la siguiente mediarán, como mínimo, doce horas". Ante dichas circunstancias, la empresa opta por indemnizar al trabajador, que causa baja el 30 de septiembre del 2021.

Para calcular la indemnización que va a percibir el trabajador, en primer lugar, se calcula el salario diario. Para ello, se calcula el salario anual y se divide entre 365 días.

Salario anual = salario base + antigüedad + incentivos + pagas extras = (1.040 × 12) + (175 × 12) + (94 × 12) + [(1.040 + 175) × 2] = 12.480 + 2.100 + 1.128 + 2.430 = 18.138 €

Salario diario = 18.138 / 365 = 49,69 €/día

En segundo lugar, se calculan los días que le corresponden de indemnización, que está dividido en dos tramos:

* Primer tramo

    Se calcula el número de días de indemnización correspondientes al período comprendido entre el 1 de enero de 2001 y el 11 de febrero de 2012 (11 años, 1 mes y 11 días), teniéndose en cuenta que hasta dicha fecha la indemnización es de 45 días por año de servicio hasta un máximo de 42 mensualidades:

    · 11 años: 45 días × 11 = 495 días
    · 1 mes: (45 días × 1) / 12 meses = 3,75 días

Continúa en página siguiente >>

<< Viene de página anterior

- 11 días, se eleva al mes por art. 56.1 del ET, por lo tanto: (45 días × 1) / 12 meses = 3,75 días

Total = 495 + 3,75 + 3,75 = 502,5 días

- Segundo tramo

Como los 502,5 días son inferiores a 720 días (tope del despido desde el 12 de febrero de 2012), se procede a calcular los días de indemnización correspondientes al período del 12 de febrero de 2012 hasta 30 de septiembre de 2021 (9 años, 7 meses y 18 días), teniéndose en cuenta que desde dicha fecha la indemnización es de 33 días por año de servicio hasta un máximo de 24 mensualidades:

- 9 años: 33 días × 9 = 297 días
- 7 meses: (33 días × 7) / 12 meses = 19,25 días
- 18 días: (33 días × 1) / 12 meses = 2,75 días

Total = 297 + 19,25 + 2,75 = 319 días

Ahora se debe comprobar que la suma de los días de indemnización del primer y el segundo período no pasa del límite de 720: 502,5 (1.º período) + 319 = 821,5 días.

Como el total de días sobrepasa dicho límite, por lo tanto la indemnización tendrá el tope de los 720 días.

Importe indemnización = 49,69 €/día × 720 = 35.776,80 €.

3.3. Prestaciones e indemnizaciones de la Seguridad Social

Las prestaciones e indemnizaciones de la Seguridad Social hacen referencia a las cantidades o subsidios abonados por las empresas, entidades gestoras o mutuas de accidentes de trabajo y enfermedades profesionales a su plantilla durante la situación de **incapacidad temporal,** debida a accidente de trabajo, enfermedad profesional, accidente no laboral o enfermedad común.

Durante la situación de incapacidad temporal, se produce la suspensión de la relación laboral, por lo que cesan las obligaciones de trabajar y remunerar el trabajo, pasando a cobrar una prestación, aunque se mantiene la obligación de cotizar.

La **prestación económica** consiste en un subsidio, o prestación periódica, de percepción limitada en el tiempo, equivalente a un determinado porcentaje aplicado sobre una base reguladora. Su cuantía se calcula de la siguiente forma:

Prestación por IT = (Base reguladora diaria × porcentaje) × n.º días baja

La **base reguladora diaria** es la que resulta de dividir la base de cotización de la persona trabajadora correspondiente al mes anterior a la fecha de la baja en el trabajo por enfermedad o accidente entre el número de días al que pertenece dicha cotización. Las fórmulas que se deben utilizar son:

Enfermedad común o accidente no laboral

$$\text{Base reguladora diaria} = \frac{\substack{\text{Base por contingencias comunes} \\ \text{mes anterior a la baja}}}{\substack{\text{Número de días cotizados en dicho mes} \\ \text{(30, 31, 28 o 29)}}}$$

Enfermedad profesional o accidente de trabajo

$$\text{Base reguladora diaria} = \frac{\substack{\text{Base por CC} \\ \text{mes anterior a la baja}}}{\substack{\text{N.º de días} \\ \text{cotizados en dicho mes}}} + \frac{\substack{\text{Horas extraordinarias} \\ \text{año anterior}}}{365}$$

 **IMPORTANTE**

Cuando la persona trabajadora haya ingresado en la empresa en el mismo mes en el que se inicie la situación de incapacidad temporal, se toma como base de cotización la de ese mes dividida entre los días cotizados.

- -

Una vez calculada la base reguladora diaria, para determinar el importe de la prestación **se aplica un porcentaje** sobre esta. Los diferentes porcentajes que se aplican, dependiendo del origen de la incapacidad temporal y los días de baja, son:

Incapacidad temporal (IT)			
Origen	**Días**	**Porcentaje**	**Para trabajadores cuenta ajena del reg. general irá a cargo de:**
Enfermedad común o accidente no laboral	Entre el 1.º y el 3.º	0	
	Entre el 4.º y el 15.º	60 % base reguladora	Empresario
	Entre el 16.º y el 20.º	60 % base reguladora	INSS o mutua de AT y EP
	A partir del 21.º	75 % base reguladora	INSS o mutua de AT y EP
Enfermedad profesional o accidente de trabajo	Desde el día siguiente de la baja (estando a cargo del empresario el salario correspondiente al día de la baja)	75 % base reguladora	Mutua de AT y EP

Para el cómputo de los días, se distingue entre:

Enfermedad común y accidente no laboral
- Se cuenta tanto el día de baja como el día de alta.

Enfermedad profesional y accidente de trabajo
- Se devenga a partir del día siguiente al del hecho.

 **EJEMPLO**

Una trabajadora con salario diario presenta baja por enfermedad común desde el día 1 al 17 de marzo. Cuenta con una base de cotización en febrero de 1.273,50 €.

Continúa en página siguiente >>

<< Viene de página anterior

El cálculo de la prestación económica correspondiente a la incapacidad temporal es:

- Base de cotización diaria = 1.273,50 / 28 = 45,48 €
- Cómputo de días: 17 (días de baja) - 3 días (1.º tramo) = 14 días
- 45,48 € × 60 % × 2 días = 54,58 € a cargo de la Seguridad Social o mutua de trabajo
- 45,48 € × 60 % × 12 días = 327,46 € a cargo del empresario

El importe que aparece en el apartado Prestaciones e indemnizaciones de la Seguridad Social de la nómina es la suma de ambas cantidades (54,58 + 327,46 = 382,04 €).

 TAREA 6

En el mes de abril José Luis ha tenido un accidente de trabajo en la empresa. Ha causado baja desde el día 14 al 21 de dicho mes. Su salario es diario y la base de cotización del mes de marzo es 1.498,87 €. ¿Cuál será el importe de la prestación por incapacidad temporal que va a percibir el trabajador? Realiza todos los cálculos necesarios para obtener el importe.

---

4. Mejoras voluntarias

 HILO CONDUCTOR

La parte del curso dedicada a los devengos ya ha finalizado, pero Andrea ha sugerido que se explique lo que se conoce como mejoras voluntarias. Aunque el formador considera que no es un instrumento muy utilizado, ha planteado una práctica para que el alumnado busque información, la ponga en común y obtenga sus propias conclusiones.

La acción protectora del sistema de la Seguridad Social, en su modalidad contributiva, puede verse mejorada de forma voluntaria por la empresa, y, a veces, por las personas trabajadoras. Las normas que rigen los regímenes de este sistema son las que determinan las características de esta mejora.

Las **mejoras voluntarias** hacen referencia a aquellas obligaciones de la empresa que, por propia voluntad o como resultado de una negociación colectiva, pretenden mejorar la acción protectora del sistema público mediante un complemento que garantice a los trabajadores aquellas rentas que recibirían si estuvieran trabajando. Sus **características** principales son:

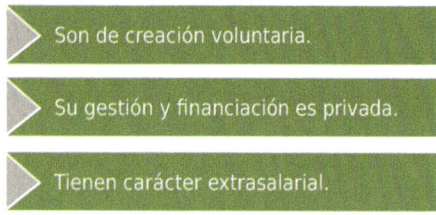

- Son de creación voluntaria.
- Su gestión y financiación es privada.
- Tienen carácter extrasalarial.

En la nómina, el importe de las mejoras voluntarias concedidas por la empresa queda reflejado en el apartado de **percepciones no salariales** del bloque Devengos.

✚ PARA SABER MÁS

Las mejoras voluntarias están reguladas en el articulado de la Ley General de la Seguridad Social, concretamente en la sección 1.ª del capítulo XVI del título II del Real Decreto Legislativo 8/2015, de 30 de octubre. Puedes consultarlas accediendo aquí:

https://redirectoronline.com/adgd188po0304

La acción protectora del régimen general se puede mejorar mediante:

La mejora directa de las prestaciones

- La empresa puede mejorar directamente las prestaciones del régimen general. El coste de dicha mejora lo puede asumir solo la empresa, o, de forma excepcional, se puede regular un importe para las personas trabajadoras. Para que se dé este último caso, se ha de permitir que los trabajadores puedan acogerse o no, de forma voluntaria e individual, a las mejoras concedidas por la empresa.

El establecimiento de tipos de cotización adicionales

- El ministerio puede autorizar cotizaciones adicionales a través del aumento de los tipos de cotización establecidos para el régimen general, y de esta forma aumentar el valor de las pensiones u otras prestaciones activas, o mejorar las futuras. Esta medida rara vez se ha utilizado.

 **IMPORTANTE**

A pesar del carácter voluntario de las mejoras directas, cuando una persona trabajadora haya ejercido su derecho a la mejora en una prestación habitual, esta solo puede anularse o disminuirse conforme a las normas por las que se rige.

El ejemplo más claro de mejora en una prestación son las **aportaciones dinerarias realizadas por la empresa al plan de pensiones de los trabajadores,** originadas por una obligación legal o por un acuerdo contractual entre ambas partes. Estas aportaciones están relacionadas con las contingencias de jubilación, invalidez (absoluta, permanente o gran invalidez) y muerte de las personas trabajadoras, de las que se derivarán un conjunto de prestaciones.

La empresa puede realizar ella misma la gestión de las mejoras directas de las prestaciones o hacerlo a través de:

Administración de la Seguridad Social	Fundaciones laborales	Mutualidades de previsión social	Entidades aseguradoras

 **VÍDEO**

En el siguiente vídeo queda perfectamente aclarado lo que es la previsión social. Puedes acceder aquí para verlo:

https://redirectoronline.com/adgd188po0305

👁 **EJEMPLO**

Los datos laborales del mes de mayo del trabajador José Luis Durán González de la empresa Belpes son:

- Salario base: 40 €/día
- Plus transporte: 2,40 €/día hábil
- Días del mes de mayo: 31
- Días hábiles: 5
- Días trabajados: 12
- IT por enfermedad común: desde 01-05 al 19-05
- Base de cotización abril: 1.445,56 €
- Dos gratificaciones extraordinarias, que se prorratean solo a efectos de cotización.

Para cumplimentar el bloque de Devengos de la nómina de este trabajador hay que realizar los siguientes cálculos:

a. Salario base:

Se multiplica el salario diario por los días trabajados:
40 € × 12 días = 480 €

Continúa en página siguiente >>

<< Viene de página anterior

b. Plus de transporte:

Se multiplica el importe del plus de transporte por los días hábiles:
2,40 € × 5 días = 12,00 €

c. IT por enfermedad común:

El trabajador estuvo 19 días de baja por este concepto. En la baja por enfermedad común se cuenta tanto el día de baja como el día de alta. Para calcular el importe diario de la baja se divide la base de cotización del mes anterior entre los días de cotización de dicho mes (abril, 30 días):
1.445,56 € / 30 = 48,18 €

Como es baja por enfermedad común, el trabajador percibe los siguientes importes, según los tramos:

- Los tres primeros días, el trabajador no percibe nada.
- El segundo período consta de 12 días (del 4.º al 15.º), le corresponde el 60 % y va a cargo del empresario:
48,18 € × 60 % = 28,91 € por día
28,91 € × 12 días = 346,92 €

- El tercer período consta de 4 días, le corresponde el 60 % y va a cargo de la Seguridad Social:

48,18 € × 60 % = 28,91 € por día
28,91 € × 4 días = 115,64 €

El importe total de la IT por enfermedad común es la suma de los tres tramos:

0 + 346,92 + 115,64 = 462,56 €

Como las gratificaciones extraordinarias solo se prorratean a efectos de cotización, eso significa que se cobrarán de forma íntegra en los períodos que le corresponden. De ahí que no se registren en el apartado Gratificaciones extraordinarias.

El total devengado de la nómina de este trabajador es la suma de todos los conceptos:

Total devengado = 480,00 + 12,00 + 462,56 = 954,56 €

Continúa en página siguiente >>

<< Viene de página anterior

La parte de la nómina correspondiente al bloque Devengos es:

Empresa: COMPAÑÍA BELPES	Trabajador: JOSÉ LUIS DURÁN GONZÁLEZ
Domicilio: VALENCIA	NIF: 75909087D
	Núm. Afil. Seguridad Social: 01/4567154
CIF: A-89871342	Grupo Pofesional: OFICIAL DE 1ª
CCC: 52/002233476	Grupo de Cotización: 8

Período de liquidación: del __1__ de __mayo__ al __31__ de __mayo__ de 20 XX Total días 31

	DEVENGOS	IMPORTE	TOTALES
I.			
1.	Percepciones salariales		480,00
	Salario base. (40 € x 12 días)	480,00	
	Complementos salariales:		
	....		
	....		
	....		
	Horas extraordinarias................................		
	Horas complementarias (Contratos a tiempo parcial) ...		
	Gratificaciones extraordinarias.....................		
	Salario en especie..................................		474,56
2.	Percepciones no salariales		
	Indemnizaciones o suplidos		
	Plus de transporte (2,40 € x 5 días hábiles)	12,00	
	Prestaciones e indemnizaciones de la Seguridad Social		
	IT por enfermedad común del 01-05 al 19-05	462,56	
	Indemnizaciones por traslados, suspensiones o despidos		
	....		
	Otras percepciones no salariales		
	....		
	A. TOTAL DEVENGADO		954,56

5. Resumen

Las **percepciones no salariales o extrasalariales** son retribuciones que perciben las personas trabajadoras, pero no gratifican ni el trabajo efectivo efectuado por ellas ni los períodos de descanso que se cuentan como trabajo efectivo.

Entre sus principales **características** están las siguientes: no se tienen en cuenta para el pago de los descansos, se perciben si están reguladas por convenio colectivo o por acuerdo entre las partes, los acuerdos individuales contrarios al convenio colectivo o al acuerdo adoptado se consideran nulos y no se tienen en cuenta para el cálculo de ciertas responsabilidades de la empresa.

Los **conceptos** que se incluyen en la nómina como percepciones no salariales son:

- Indemnizaciones o suplidos

- Prestaciones e indemnizaciones de la Seguridad Social

- Indemnizaciones por traslados, suspensiones o despidos

- Otras percepciones no salariales

Las **indemnizaciones o suplidos** son cantidades percibidas por la persona trabajadora en compensación por los gastos ocasionados en el desarrollo de su trabajo. Se incluyen el quebranto de moneda, los gastos de locomoción y dietas de viaje, plus distancia o plus transporte, ropa de trabajo, y útiles y herramientas. Las características de los más utilizados en la práctica son:

Dietas de viaje
- Importe que compensa los gastos por el desplazamiento por motivos de trabajo fuera de su lugar de residencia o de la localidad del centro de trabajo.
- Su importe total forma parte del total devengado de la nómina.
- El importe que exceda de las cantidades exentas según el RIRPF cotiza a la Seguridad Social.

Gastos de locomoción
- Importes que compensan los gastos soportados por las personas trabajadoras en los desplazamientos por motivos laborales, y que son incluidos en la nómina.
- La empresa puede abonar la cantidad que corresponde o abonar un precio por kilómetro cuando se haya utilizado el vehículo propio.
- Su importe íntegro forma parte del apartado Indemnización o suplidos y cotiza a la Seguridad Social solo por la cantidad que exceda del importe exento de IRPF (art. 9 RIRPF).

Plus transporte o distancia
- Importes que compensan a la persona trabajadora por los gastos ocasionados como consecuencia del desplazamiento al centro de trabajo de forma habitual.
- Se incluyen en el apartado Indemnización o suplidos por su importe íntegro.
- Cotizan a la Seguridad Social por su importe total.
- Vienen recogidos en el convenio colectivo de aplicación.

Además de las indemnizaciones anteriores, en la nómina también se pueden incluir otras cantidades relacionadas con las situaciones de **traslado, suspensión de la relación laboral o despido (extinción de la relación laboral)**. Sus puntos más relevantes son:

Traslado
- Implica el cambio definitivo de residencia habitual de las personas trabajadoras por causas económicas, técnicas, organizativas o de producción de la empresa.
- La empresa entrega un importe para compensar los gastos ocasionados por la situación, que no cotiza a la Seguridad Social hasta el límite máximo regulado en convenio colectivo.
- Si se extingue el contrato, la indemnización que corresponde es por la cuantía de 20 días de salario por año trabajado, con un máximo de 12 meses.

Suspensión
- Situación temporal en la que la persona trabajadora no tiene la obligación de trabajar ni la empresa de abonarle su salario, permaneciendo en vigor la relación laboral, por causas como huelga, excedencia forzosa, cierre legal de la empresa, etc.
- La indemnización por este motivo rara vez se produce.

Despido
- Es la extinción de la relación laboral por voluntad unilateral del empresario y puede ser disciplinario, objetivo o colectivo.
- Por esta situación, la persona trabajadora recibe una indemnización, cuya cuantía depende de que sea calificado como procedente o improcedente. Es nulo cuando existan circunstancias discriminatorias o violación de los derechos fundamentales.
- La cuantía íntegra forma parte del apartado Indemnizaciones por traslado, suspensión o despido, de la nómina. Sin embargo, no forma parte de la base de cálculo del IRPF ni cotiza a la Seguridad Social.

Las **prestaciones e indemnizaciones de la Seguridad Social** hacen referencia a las cantidades o subsidios abonados por las empresas, entidades gestoras o mutuas de accidentes de trabajo y enfermedades profesionales a sus trabajadores durante la situación de **incapacidad temporal**, debida a accidente de trabajo, enfermedad profesional, accidente no laboral o enfermedad común.

La **prestación económica** consiste en un subsidio limitado en el tiempo, equivalente a un determinado porcentaje aplicado sobre una base reguladora. Su cuantía se calcula aplicando la siguiente fórmula: Prestación por IT = (Base reguladora diaria × porcentaje) × n.º días baja:

- **Base reguladora diaria:** se calcula dividiendo la base de cotización del mes anterior a la baja entre el número de días al que pertenece dicha cotización. Se aplican distintas fórmulas dependiendo de que sea enfermedad y accidente de trabajo, o enfermedad común y accidente no laboral.
- **Porcentaje:**

  - En caso de enfermedad común y accidente no laboral:

    - 60 % desde el día 4 hasta el 20 inclusive.
    - 75 % desde el día 21 en adelante.

  - En caso de accidente de trabajo y enfermedad profesional:

    - 75 % desde el día siguiente de la baja.

- **Cálculo n.º de días:**

  - En caso de enfermedad común y accidente no laboral:

    - Se cuenta tanto el día de baja como el día de alta.

  - En caso de accidente de trabajo y enfermedad profesional:

    - Se devenga a partir del día siguiente al del hecho.

Las **mejoras voluntarias** son aquellas obligaciones del empresario que, por propia voluntad o como resultado de una negociación colectiva, pretenden mejorar la acción protectora del sistema público mediante un complemento que garantice a los trabajadores aquellas rentas que recibirían si estuvieran trabajando. Estas se pueden materializar, o bien por la mejora directa de las prestaciones, o bien por el establecimiento de tipos de cotización adicionales.

Ejercicios de autoevaluación
Unidad de Aprendizaje 3

1. Indica si la siguiente afirmación es verdadera o falsa: "Las percepciones extrasalariales tienen carácter de contraprestación por los servicios prestados".

   - ■ Verdadero
   - ■ Falso

2. ¿Qué conceptos tienen la consideración de percepciones no salariales?

   Señala todas las respuestas correctas.

   - a. Horas complementarias.
   - b. Prestaciones de la Seguridad Social.
   - c. Suplidos.
   - d. Indemnización por despido.

3. Indica si la siguiente afirmación es verdadera o falsa: "El quebranto de moneda es el importe que recibe la persona trabajadora para compensar los descuadres de caja en los procesos de cobro y pago a los clientes y proveedores".

   - ■ Verdadero
   - ■ Falso

4. ¿Qué importe de los gastos de alojamiento está exento según el RIRPF?

   - a. El importe justificado.
   - b. 53,34 €/día.
   - c. El importe que excede de lo legalmente establecido.
   - d. 250 €.

5. **Si se extingue la relación laboral como consecuencia de un traslado, ¿qué indemnización le corresponde a la persona trabajadora?**

   a. No tiene derecho a indemnización.
   b. 12 días de salario por año completo trabajado.
   c. 20 días de salario por año trabajado, con un máximo de 12 meses.
   d. La misma que le corresponde al despido disciplinario.

6. **Indica si la siguiente afirmación es verdadera o falsa: "Las indemnizaciones por despido no cotizan a la Seguridad Social".**

   ■ Verdadero
   ■ Falso

7. **La indemnización por un despido objetivo improcedente, ¿dónde se registra en la nómina?**

   a. En el apartado Prestaciones de la Seguridad Social.
   b. En el apartado Indemnizaciones por traslados, suspensiones o despidos.
   c. En el apartado Indemnizaciones o suplidos.
   d. En el apartado Otras percepciones no salariales.

8. **Indica si la siguiente afirmación es verdadera o falsa: "En el cómputo de los días de la incapacidad temporal por enfermedad común se cuenta a partir del día siguiente al del hecho causante".**

   ■ Verdadero
   ■ Falso

9. **En el cálculo de la prestación por incapacidad temporal derivada de accidente de trabajo, ¿qué porcentaje se aplica?**

   a. 60 %.
   b. 70 %.
   c. 75 %.
   d. 55 %.

10. **Las mejoras voluntarias que la empresa puede aplicar y que están reguladas en la Ley de la Seguridad Social son:**

    a. Aumento del SMI.
    b. Mejora directa de las prestaciones.
    c. Establecimiento de tipos de cotización adicionales.
    d. Las opciones b y c son correctas.

Aplicación de las deducciones

Contenido

Objetivos

Los objetivos generales de esta Unidad de Aprendizaje son:

→ Comprender cómo se calculan las aportaciones a la Seguridad Social que debe practicar la empresa y las personas trabajadoras.

→ Descubrir cómo se obtienen las retenciones de IRPF que se incluyen en la nómina.

Los objetivos específicos de esta Unidad de Aprendizaje son:

→ Identificar las infracciones que se pueden cometer en materia de cotizaciones a la Seguridad Social.

→ Calcular las bases de cotización a la Seguridad Social en el régimen general.

→ Identificar la retención de una nómina.

→ Cumplimentar una nómina.

1. Introducción

Las cotizaciones a la Seguridad Social son la principal vía de recaudación de la Seguridad Social. La empresa y las personas trabajadoras contribuyen en su recibo de salarios al mantenimiento del sistema de la Seguridad Social a través de las detracciones o deducciones que en él se practican. El mayor o menor importe de estos conceptos depende de diferentes factores, tales como situaciones excepcionales en el trabajo, grupo profesional o situación familiar, entre otros.

Una de las partes del bloque de deducciones en el recibo de salarios son las cotizaciones, aunque no es la única, ya que además está formado por otras deducciones como las retenciones.

Para analizar las principales deducciones que se practican en la nómina, nos basaremos en la jornada educativa que Fernando y Andrea van a recibir para saber aplicar estas detracciones correctamente.

2. Cuotas de Seguridad Social

☞ HILO CONDUCTOR

El formador del curso está explicando las deducciones que se han de aplicar en el recibo de salarios, comenzando por las cuotas de la Seguridad Social. Como quiere que la clase sea participativa, ha dividido al alumnado en grupos y les ha asignado cada uno de los elementos que intervienen en su cálculo, con el fin de buscar información y exponerla.

Una vez determinado el bruto de la nómina (total devengado) como consecuencia de la suma de todas las percepciones salariales y no salariales, se ha de proceder a practicar las **deducciones de la Seguridad Social** que correspondan. Para tener cubiertos determinados riesgos, la empresa, y, en su caso, la persona trabajadora, practican las **cotizaciones a la Seguridad Social.** De ahí que en la nómina se deduzcan en el apartado primero del bloque **Deducciones** unos importes concretos para la cobertura de las siguientes contingencias:

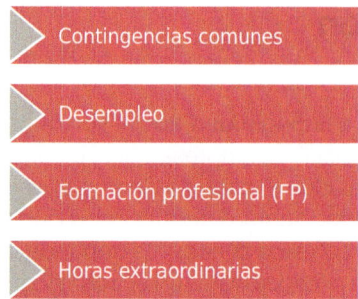

Las cotizaciones específicas de la empresa a la Seguridad Social se reflejan al final de la nómina, incluyendo, además de las contingencias anteriores, las **contingencias profesionales (AT y EP)** y **FOGASA.**

 DEFINICIÓN

Cotización
Cantidades abonadas por la empresa y las personas trabajadoras para cubrir prestaciones futuras (jubilación, desempleo, formación profesional, etc.) y que son detraídas mensualmente del salario.

Las **contingencias comunes** están destinadas a la cobertura de todas las situaciones incluidas en la acción protectora del régimen general de la Seguridad Social, siempre que se deriven de:

> Enfermedades comunes que no provengan del trabajo y que no estén consideradas como profesionales.

> Los accidentes que sucedan fuera de la empresa y que no tengan relación con la prestación de servicios por cuenta ajena.

En estas contingencias también se incluye la cobertura de las **situaciones por nacimiento y cuidado de menor, adopción y acogimiento previo** durante los períodos de descanso que por tales situaciones se disfruten.

IMPORTANTE

Tanto la empresa como las personas trabajadoras deben cotizar por contingencias comunes.

La cotización por **contingencias profesionales** persigue la cobertura de los accidentes de trabajo y enfermedades profesionales, siempre que se produzcan con ocasión o por consecuencia del trabajo que se ejecute por cuenta ajena, facilitando el acceso a todas las prestaciones recuperadoras, rehabilitadoras, readaptadoras y demás ayudas, indemnizaciones o beneficios sociales reconocidos. **Esta cotización solo corre a cargo de la empresa.**

Estas contingencias incluyen:

Cuotas por IT
- Las cuotas por incapacidad temporal cubren este riesgo específico.

Cuotas por IMS
- Las cuotas por incapacidad permanente, muerte y supervivencia se destinan a la cobertura de todas las contingencias protegidas distintas de la IT.

DEFINICIÓN

Accidente de trabajo
Se entiende por accidente de trabajo las lesiones que el trabajador por cuenta ajena sufra en la realización de su trabajo (dentro o fuera de la empresa) o en el trayecto habitual de su domicilio al trabajo (accidente *in itinere)*.

Enfermedad profesional
Se considera enfermedad profesional a la que resulta de la exposición del trabajador a agentes nocivos presentes en el trabajo y que esté considerada como tal en el cuadro de enfermedades profesionales legalmente vigentes.

El resto de conceptos por los que la empresa y, si corresponde, su plantilla, cotizan a la Seguridad Social son:

Desempleo
- Va a cargo de la empresa y del trabajador durante la relación laboral, y da lugar a una serie de prestaciones económicas y asistenciales en función de la pérdida de ingresos que se produce al quedar sin actividad el trabajador, siempre que se cumplan una serie de requisitos.

FOGASA
- El Fondo de Garantía Salarial es una cotización exclusiva de la empresa para garantizar los salarios de sus trabajadores en los supuestos en los que la empresa no pueda afrontarlos.

Formación profesional
- Tanto empresario como trabajador cotizan por esta contingencia, que va destinada a fines formativos, de reciclaje, etc., del personal.

Horas extraordinarias
- La cuota de esta cotización adicional se destina a incrementar los recursos generales del sistema de la Seguridad Social y no es computable para determinar la base reguladora de las prestaciones. Su cotización corre a cargo de la empresa y de los trabajadores.

NOTA

Por los trabajadores incluidos en el sistema especial para empleados de hogar se cotiza por desempleo y FOGASA, pero no por formación profesional.

- -

La cuota a ingresar por la empresa en concepto de costes sociales viene determinada por la aplicación de unos tipos sobre las diferentes bases de cotización, con límites estas últimas según el grupo de cotización de que se trate.

A continuación, se desarrollan los distintos conceptos que intervienen en las cotizaciones.

2.1. Grupo de cotización

El **grupo de cotización** es la clasificación, a efectos de cotización a la Seguridad Social, de las diferentes categorías profesionales existentes. Los trabajadores deben incluirse en algunos de los grupos de cotización existentes.

NOTA

Aunque las categorías profesionales fueron derogadas desde el punto de vista de la clasificación profesional, los grupos de cotización continúan vinculados a las mismas en las correspondientes órdenes de cotización.

En la cotización al régimen general, **son once los grupos de cotización que existen,** aunque cada convenio colectivo puede establecer su propia clasificación. Los grupos de cotización vigentes son:

Grupo de cotización	Categorías profesionales
1	Ingenieros y licenciados. Personal de alta dirección no incluido en el artículo 1.3.c) del Estatuto de los Trabajadores
2	Ingenieros técnicos, peritos y ayudantes titulados
3	Jefes administrativos y de taller
4	Ayudantes no titulados
5	Oficiales administrativos
6	Subalternos
7	Auxiliares administrativos
8	Oficiales de primera y segunda
9	Oficiales de tercera y especialistas
10	Peones
11	Trabajadores menores de 18 años, cualquiera que sea su categoría profesional

Las **características** de los grupos de cotización son las siguientes:

Cada grupo está sujeto a los límites de las bases máximas y mínimas legales para las contingencias y situaciones protegidas por el régimen general, salvo las de desempleo y contingencias profesionales.

Para los grupos 1 a 7, la base de cotización tiene carácter mensual, de ahí que las personas trabajadoras incluidas en estos grupos coticen siempre por 30 días.

Para los grupos 8 a 11, la base de cotización es diaria y los trabajadores que pertenecen a estos grupos cotizan por los días naturales que tenga el mes que se liquida: 28, 29, 30 o 31.

 SABÍAS QUE...

A las personas trabajadoras encuadradas en los grupos de cotización 8 a 11 que tienen retribución mensual se les permite la homologación de las bases y topes de cotización a 30 días durante los 12 meses del año.

2.2. Bases de cotización

Para calcular la cotización correspondiente a cada trabajador se han de obtener previamente las **bases de cotización,** según lo que se regula en el artículo 147 de la Ley General de la Seguridad Social. Las bases de cotización que se han de calcular para obtener las cuotas que se reflejan en la nómina de las personas trabajadoras son:

Base de cotización por contingencias comunes (BCCC)

Base de cotización por contingencias profesionales (BCCP)

Continúa en página siguiente >>

<< Viene de página anterior

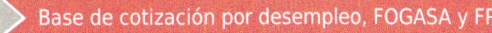

> Base de cotización por desempleo, FOGASA y FP

> Base de cotización adicional por horas extraordinarias (BCHE)

PARA SABER MÁS

En las situaciones de reducción de jornada o suspensión de contrato por decisión empresarial o resolución judicial, la base de cotización se calcula según las siguientes reglas recogidas en el art. 153 bis de la LGSS:

- Si existe derecho a desempleo o a la prestación del mecanismo RED, la entidad gestora de las prestaciones tiene la obligación de determinar e ingresar la aportación del trabajador por el que hay que cotizar.
- La base de cotización para calcular la aportación empresarial se corresponde con la media de las bases de cotización por contingencias comunes y profesionales de la empresa, de los 6 meses naturales anteriores a las situaciones de reducción de jornada o suspensión de contrato. Se deben tener en cuenta los días que el trabajador ha estado en alta en esos 6 meses y todas las bases de cotización computables en ese período.

Para determinar la **base de cotización por contingencias comunes,** se tienen en cuenta los devengos (diario o mensual), excluidos los conceptos extrasalariales no computables y las horas extraordinarias. Se calcula de la siguiente forma:

> Remuneración mensual + prorrata de pagas extras

Siendo la fórmula para cada parte:

Remuneración mensual
Salario base + percepciones salariales
Prorrata de pagas extras
$\dfrac{\text{Importe de la paga extra} \times \text{n.}^{\text{o}}\text{ de pagas}}{365(\text{diario}) \text{ o } 360(\text{mensual})} \times \text{n}^{\text{o}}\text{ de días trabajados}$

La base de cotización calculada **ha de estar comprendida dentro del mínimo y el máximo** establecidos por ley para cada grupo de cotización. Si la base resultante fuese inferior a la mínima, se cotizará por esta, y, si fuese superior a la máxima, esta será considerada como base de cotización.

El cálculo de la **base de cotización por contingencias profesiones (AT y EP)** correspondiente a cada mes se hace de forma similar al cálculo de la base de cotización por contingencias comunes, incluyendo como concepto computable las horas extraordinarias realizadas en el mes que se liquida.

No existen bases máximas y mínimas para cada grupo de cotización, sino **topes máximos y mínimos de cotización** que se pueden consultar en la normativa que se publica anualmente o en la página web de la Seguridad Social.

 **PARA SABER MÁS**

Las bases de cotización por contingencias comunes de los distintos regímenes y los topes de cotización de accidentes de trabajo y enfermedades profesionales, máximos y mínimos, se pueden consultar en la página web de la Seguridad Social, en las secciones Trabajadores o Empresarios, en los apartados Cotización/Recaudación de...

Puedes verlas accediendo aquí:

Continúa en página siguiente >>

<< Viene de página anterior

https://redirectoronline.com/adgd188po0401

 **EJEMPLO**

Un trabajador que desempeña el puesto de oficial de 1.ª (grupo cotización 8), en un mes de 30 días, percibe las siguientes retribuciones:

Salario base	55,30 €/día
Plus actividad	3,17 €/día
Plus distancia	3 €/día
Horas extras generales	54,09 €/mes

Recibe dos pagas extraordinarias al año equivalentes a 30 días de salario base.

En el cálculo de la base de cotización por contingencias comunes intervienen dos componentes: la remuneración salarial y la prorrata de las pagas extraordinarias. En el cálculo de esta base no se consideran las horas extraordinarias.

• Remuneración mensual:

  · Salario base: 55,30 €/día
  · Plus actividad: 3,17 €/día
  · Plus distancia: 3,00 €/día
  · TOTAL: 61,47 €/día
  · Prorrata de pagas extras: (55,30 × 30 × 2) / 365 = 9,09 €

Continúa en página siguiente >>

<< Viene de página anterior

BCCC diaria = 61,47 + 9,09 = 70,56 €

Se comprueba que la cantidad obtenida está comprendida dentro de los límites del grupo 8.

Para calcular la BCCC mensual se multiplica la base diaria por los días del mes:

- BCCC = 70,56 × 30 días = 2.116,80 €/mes

En el cálculo de la base de cotización por contingencias profesionales se han de tener en cuenta las horas extraordinarias realizadas durante el mes, que se suman a la base de cotización por contingencias comunes:

- Base contingencias comunes: 2.116,80 €
- Horas extras generales: 54,09 €
- Total base contingencias profesionales: 2.170,89 €

Esta cantidad está comprendida dentro de los topes mínimos y máximos establecidos para AT y EP.

Base de cotización por contingencias profesionales (BCCP): 2.170,89 €

La base de cotización para cubrir las contingencias de **desempleo, FOGASA y formación profesional** es la correspondiente a las contingencias de accidentes de trabajo y enfermedades profesionales, es decir, la base por contingencias profesionales.

La **base de cotización adicional por horas extraordinarias** se calcula sobre la totalidad de las remuneraciones que se abonen por tal concepto en el mes a liquidar. Las horas extraordinarias hacen incrementar el importe de la base de cotización por contingencias profesionales AT y EP.

 **RECUERDA**

Se consideran horas extraordinarias aquellas horas de trabajo que se realizan sobre la duración máxima de la jornada ordinaria de trabajo. Su número al año

Continúa en página siguiente >>

<< Viene de página anterior

no puede ser superior a 80 y su importe no puede ser inferior al valor de la hora ordinaria, o ser compensado por tiempos equivalentes de descanso retribuido.

 PARA SABER MÁS

El Régimen Especial de Trabajadores Autónomos cuenta con un sistema de cotización novedoso basado en el encuadramiento de los rendimientos mensuales reales en una tabla con quince tramos de cotización. Puedes conocer mucho más de este sistema de cotización accediendo aquí:

https://redirectoronline.com/adgd188po0402

 TAREA 7

Una trabajadora desempeña el puesto de jefa administrativa (grupo cotización 3) y recibe las siguientes retribuciones:

- Salario base: 1.290 €
- Antigüedad: 72,00 €
- Incentivos: 159,00 €
- Plus de transporte: 66,00 €

La trabajadora percibe anualmente dos pagas extraordinarias por un importe igual al salario base más la antigüedad.

¿Cuáles serán sus bases de cotización por contingencias comunes y por contingencias profesionales?

El artículo 147.2 de la Ley General de la Seguridad Social regula que **no se computan en la base de cotización** los importes derivados de:

> Las asignaciones entregadas a las personas trabajadoras que se desplacen fuera de su centro habitual de trabajo para realizarlo en un lugar distinto derivadas de los gastos de locomoción y de los gastos normales de manutención y estancia.

> Las indemnizaciones por fallecimiento y las correspondientes a traslados, suspensiones y despidos hasta la cuantía máxima prevista en norma sectorial, convenio colectivo o estatuto de los trabajadores.

> Las prestaciones de la Seguridad Social, las mejoras en la incapacidad temporal realizadas por las empresas y el pago de los gastos por estudios destinados a la actualización, capacitación o reciclaje del personal.

 **RECUERDA**

Los gastos de locomoción y los normales de manutención y estancia que no se incluyen en la base de cotización son:

- Los gastos de locomoción, cuando se utilicen medios de transporte público y dicho importe se justifique mediante factura o documento equivalente; así como otros gastos de locomoción distintos de los anteriores.
- Los gastos normales de manutención y estancia generados en municipio distinto del lugar de trabajo habitual del perceptor y del que constituya su residencia, con los límites previstos en la normativa de IRPF.

2.3. Tipos de cotización

El tipo de cotización es el **porcentaje que se aplica sobre la base de cotización para obtener las cuotas** que se ingresan en la Seguridad Social y que aparecen reflejadas en la nómina. Estos tipos son revisados anualmente por la Ley de Presupuestos Generales del Estado y por su respectiva orden ministerial. Para el régimen general son:

Tipos de cotización (%)

	Empresa	Trabajador
Contingencias comunes[3]	24,27	4,83
Fondo de garantía salarial	0,20	No cotiza
Formación profesional	0,60	0,10
Horas extraordinarias fuerza mayor	12,00	2,00
Resto horas extraordinarias	23,60	4,70
Accidentes de trabajo y enfermedades profesionales	Tarifa primas disposición adicional cuarta de la Ley 42/2006, de 28 de diciembre, Presupuestos Generales del Estado para 2007	

Desempleo	Empresa	Trabajadores	Total
Tipo general[1]	5,50	1,55	7,05
Contrato duración determinada Tiempo completo/ parcial[2]	6,70	1,60	8,30

[1] En el régimen general se incluyen los contratos indefinidos a tiempo parcial y los fijos discontinuos; los realizados con personas con discapacidad igual o superior a 33 % (cualquier modalidad) y los siguientes tipos de duración determinada: modalidades de contratos formativos, sustitución, de relevo y de interinidad. En el sistema especial agrario se corresponde con las personas trabajadoras por cuenta ajena fijas y los contratos de duración determinada o con discapacitados (grado igual o superior a 33 %).
[2] En el sistema especial agrario se incluyen las personas trabajadoras por cuenta ajena de carácter eventual.
[3] Por aplicación del mecanismo de equidad intergeneracional (MEI), los tipos de cotización por contingencias comunes se han visto aumentados en un 0,8 % (0,67 % para la empresa y 0,13 % para los trabajadores). Esta medida entró en vigor el 1 de enero de 2023 y se mantendrá hasta 2032. (DF 4.ª de la Ley 21/2021, de 28 de diciembre, y art. 122. Catorce de la Ley 31/2022, de 23 de diciembre).

NOTA

El artículo 151 de la LGSS, regula que los contratos de duración determinada inferior a 30 días tengan una cotización adicional a cargo del empresario a la finalización del contrato. Esta cotización se calcula aplicando la siguiente fórmula:

Continúa en página siguiente >>

<< Viene de página anterior

$$CA = 3 \times (BC \times TC)$$

Siendo:

CA: cotización adicional

BC: base mínima diaria de cotización para contingencias comunes del grupo 8 del régimen general

TC: tipo general de cotización por contingencias comunes a cargo de la empresa

- -

A partir del 1 de enero de 2025, la empresa debe aplicar a sus trabajadores con salarios más elevados la denominada **cotización adicional de solidaridad** (art. 19 bis y 147.1 de la LGSS; art. 72 bis R. D. 2064/1995, de 22 de diciembre). A aquellos trabajadores que tengan retribuciones superiores a la base máxima de cotización que les corresponda, se les ha de aplicar sobre dicho exceso alguno de los tipos de cotización incluidos en la DT 42.ª de la LGSS. Para cada año, existen tres tipos diferentes según el porcentaje de exceso resultante.

 IMPORTANTE

La cuota de solidaridad se aplica a los trabajadores por cuenta ajena del Régimen General y del Régimen de los Trabajadores del Mar, además de a los trabajadores por cuenta propia del Régimen Especial de Trabajadores del Mar. Y no se aplica a quienes están incluidos en el RETA.

- -

El Reglamento de cotización (R. D. 2064/1995) establece que "La distribución del tipo de cotización por solidaridad entre empresario y trabajador mantendrá la misma proporción que la distribución del tipo de cotización por contingencias comunes".

La cuota de solidaridad se calcula multiplicando el tipo anual al importe de la retribución que sea superior a la base máxima de cotización. El plazo de ingreso de la cuota finaliza el último día del mes siguiente al que corresponda el pago de las retribuciones. La empresa está obligada a comunicar a la TGSS por medios electrónicos toda la información relacionada con la cotización adicional de solidaridad que haya aplicado (apartado 2 del art. 72 bis del R. D. 2064/1995).

La empresa liquida las cotizaciones a la Seguridad Social presentando el recibo de liquidación de cotizaciones (RLC) y la relación nominal de trabajadores (RNT) mediante el sistema de liquidación directa (SLD), para lo cual se requiere tener instalada la aplicación SILTRA, facilitada por la Administración.

 ## ACTIVIDAD COMPLEMENTARIA

5. Una empresa ha aumentado la cotización de varios de sus trabajadores para favorecerles en determinadas prestaciones sociales. ¿Constituye esto algún tipo de infracción? Y, si es así, ¿qué sanción le corresponde? Realiza una búsqueda de información para razonar tu respuesta.

2.4. Ejemplo de cálculo de las cuotas de la Seguridad Social en el régimen general

Un trabajador con un contrato de duración determinada a tiempo completo, con categoría profesional de oficial administrativo (realiza exclusivamente tareas de oficina), pertenece al grupo de cotización 5 y tiene las siguientes retribuciones durante el mes de junio:

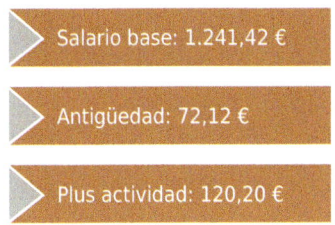

- Salario base: 1.241,42 €
- Antigüedad: 72,12 €
- Plus actividad: 120,20 €

También se le suponen realizadas horas extraordinarias por los siguientes importes:

> Horas extraordinarias por fuerza mayor: 36,06 €

> Horas extraordinarias generales: 42,07 €

Además, tiene reconocidas dos pagas extraordinarias de salario base y antigüedad de devengo anual, las cuales solo se prorratean a efectos de cotización.

Con estos datos, se calculan las bases de cotización para la Seguridad Social del trabajador. Posteriormente, se confecciona el recibo de salario y un cuadro indicativo de los costes empresariales correspondientes a este trabajador durante el mes de junio.

Bases de cotización

Para obtener los importes correspondientes a las distintas bases de cotización necesarias para cumplimentar la nómina, se requiere la realización de los siguientes cálculos:

Base de cotización por contingencias comunes (BCCC)	
Conceptos computables: salario base, antigüedad y plus actividad. Conceptos no computables: horas extraordinarias. Cálculo:	
Salario base	1.241,42 €
Antigüedad	72,12 €
Plus actividad	120,20 €
Prorrata pagas extras (1.313,54 € × 2 pagas = 2.627,08 €; 2.627,08 € / 12 = 218,92 €)	218,92 €
BCCC	**1.652,66 €**

El resultado está comprendido entre la base mínima y máxima del grupo de cotización 5. Por lo tanto, dicho importe se considera válido.

Base de cotización por contingencias profesionales, AT y EP (BCCP)

Continúa en página siguiente >>

<< Viene de página anterior

Base de cotización por contingencias comunes (BCCC)

Conceptos computables: salario base, antigüedad, plus actividad y horas extraordinarias.
Conceptos no computables: ninguno.
Cálculo:

Salario base	1.241,42 €
Antigüedad	72,12 €
Plus actividad	120,20 €
Prorrata pagas extras	218,92 €
Horas extraordinarias (Fuerza mayor + generales= 36,06 + 42,07)	78,13 €
BCCP	**1.730,79 €**

El resultado obtenido se puede considerar correcto porque está comprendido entre el tope mínimo y máximo establecido para estas contingencias.

Resto de bases de cotización

La base de cotización para desempleo, FOGASA y FP es la misma que para las contingencias profesionales, 1.730,79 €.
Las bases para la cotización adicional por horas extraordinarias son:
Por fuerza mayor: 36,06 €.
Generales: 42,07 €.

Cuotas de cotización a cargo de las personas trabajadoras

Tomando las bases de cotización calculadas previamente y aplicando los tipos de cotización que les corresponden a los trabajadores, se obtienen las cuotas que quedan reflejadas en la nómina:

- ➲ Contingencias comunes + MEI: 1.652,66 € × 4,83 % = 79,82 €
- ➲ Desempleo: 1.730,79 € × 1,60 % = 27,69 €
- ➲ Formación profesional: 1.730,79 € × 0,10 % = 1,73 €
- ➲ Cotización adicional por horas extraordinarias:

  - ◑ Por fuerza mayor: 36,06 € × 2 % = 0,72 €
  - ◑ Generales: 42,07 € × 4,70 % = 1,98 €

II.	DEDUCCIONES			
1.	Aportación del trabajador a las cotizaciones a la Seguridad Social y conceptos de recaudación conjunta			
		%		
	Contingencias comunes	4,83	79,82	
	Desempleo	1,60	27,69	
	Formación Profesional	0,10	1,73	
	Horas extraordinarias ..... Fuerza mayor	2	0,72	
	.... Generales	4,7	1,98	
	TOTAL APORTACIONES			111,94
2.	Impuesto sobre la renta de las personas físicas.........................	5	75,59	
3.	Anticipos...			
4.	Valor de los productos recibidos en especie			
5.	Otra deducciones			
	B. TOTAL A DEDUCIR			187,53
	LÍQUIDO TOTAL A PERCIBIR (A — B)			1.324,34

30 de junio de 20 XX

Firma y sello de la empresa   RECIBÍ

XXXXXXXXXXXX   XXXXX XXXXXX XXXXX

Cuotas de cotización a cargo de la empresa

Los costes empresariales se obtienen aplicando los tipos de cotización que le corresponden a la empresa a las bases de cotización calculadas. Estos son:

- Contingencias comunes + MEI: 1.652,66 € × 24,27 % = 401,10 €
- Contingencias profesionales (AT y EP):

  - Por IT: 1.730,79 € × 0,80 % = 13,85 €
  - Por IMS: 1.730,79 € × 0,70 % = 12,11 €

  (El tipo aplicable a la ocupación o actividad que le corresponde es la "a")

- Desempleo: 1.730,79 € × 6,70 % = 115,96 €
- FOGASA: 1.730,79 € × 0,20 % = 3,46 €
- Formación profesional: 1.730,79 € × 0,60 % = 10,38 €
- Cotización adicional por horas extraordinarias:

  - Fuerza mayor: 36,06 € × 12 % = 4,33 €
  - Generales: 42,07 € × 23,60 % = 9,93 €

En la nómina estas cuotas se registran como se indica a continuación:

DETERMINACIÓN DE LAS BASES DE COTIZACIÓN A LA SEGURIDAD SOCIAL Y CONCEPTOS DE RECAUDACIÓN CONJUNTA Y DE LA BASE SUJETA A RETENCIÓN DEL IRPF Y APORTACIÓN DE LA EMPRESA

CONCEPTO		BASE	TIPO	APORTACIÓN EMPRESA
1. Contingencias comunes				
Importe remuneración mensual	1.433,74			
Importe prorratas pagas extraordinarias ...	218,92			
TOTAL...................		1.652,66	24,27	401,10
2. Contingencias profesionales y conceptos de recaudación conjunta				
AT y EP			1,50	25,96
Desempleo..........................		1.730,79	6,7	115,96
Formación Profesional			0,60	10,38
Fondo Garantía Salarial......			0,20	3,46
3. Cotización adicional horas extraordinarias................................		36,06	12	4,33
		42,07	23,60	9,93
4. Base sujeta a retención del IRPF		1.511,87		

2.5. Cotización en el sistema especial de los trabajadores por cuenta ajena agrarios

Para las personas trabajadoras del sector agrario se **establecen bases de cotización distintas en función de la forma de cotización** (por meses o por jornal), así como distintos **tipos de cotización,** dependiendo de si son períodos de actividad o inactividad.

Las empresas agrarias, ante la contratación de trabajadores, deben determinar la forma de cotización de estos, optando por alguna de las siguientes opciones de cálculo de su base de cotización:

⮞ **Por meses:** se aplica a los trabajadores con contratos fijos o fijos discontinuos, estos últimos con carácter opcional; además de a los trabajadores eventuales que realicen en el mes natural 22 o más jornadas reales. Las bases mínimas y máximas que les corresponden a cada uno de los once grupos de cotización son revisadas anualmente y publicadas en el BOE. La base mensual de cotización aplicable durante los períodos de inactividad es la que corresponde a los grupos de cotización 4 a 7 de la escala de este sistema especial. La cotización respecto a estos períodos de inactividad se determina aplicando la siguiente fórmula:

$$C = [N - (jr \times 1,3636)] \times bc \times tc$$

En la que:

◗ C = Cuantía de la cotización
◗ N = Número de días de alta en el sistema especial en el mes natural
◗ jr = Número de días en el mes natural en los que se han realizado jornadas reales

◑ bc = Base de cotización mensual
◑ tc = Tipo de cotización aplicable

➲ **Por jornal:** se aplica a los trabajadores eventuales que realizan menos de 22 jornales al mes. Las bases diarias mínimas y máximas que corresponden en este caso son publicadas anualmente mediante normativa. Se pueden consultar en el apartado Cotización/Recaudación, o bien en la sección Trabajadores, o bien en la sección Empresarios de la página web de la Seguridad Social.

El **tipo de cotización** es el porcentaje que se aplica sobre la base de cotización para obtener la cuota que se ingresa en la Seguridad Social. Los tipos varían en función de si la persona trabajadora se encuentra en **período de actividad o inactividad:**

En los períodos de **actividad** y teniendo en cuenta la base de cotización (mensual o por jornal), los tipos de cotización son los siguientes:

Tipos de cotización

		Empresa	Trabajador	Total
Contingencias comunes + MEI	Grupo 1	24,27	4,83	29,10
	Grupos 2 a 11	21,39	4,83	26,22
Desempleo	Contratos indefinidos	5,50	1,55	7,05
	Contratos eventuales y de duración determinada (tiempo completo y parcial) [1]	6,70	1,60	8,30
FOGASA		0,10	--	0,10
Formación profesional		0,15	0,03	0,18

[1] En algunos contratos de duración determinada o para personas trabajadoras discapacitadas se pueden aplicar los tipos de cotización previstos para los contratos indefinidos.

Por otra parte, se considera período de **inactividad** cuando en un mes el número de días naturales de alta de un trabajador sea superior al número de jornadas reales en dicho mes multiplicado por 1,3636.

Durante los períodos de inactividad, es la propia persona trabajadora la responsable del pago de sus cuotas. El tipo de cotización aplicable es de un

11,50 % sobre la base mínima mensual aprobada para cada año. Esta cotización aumenta en un 0,8 % por el MEI.

Las personas trabajadoras que hubieran realizado en 2023 un máximo de 55 jornadas reales, pueden aplicar una reducción del 19,11 % a las cuotas de 2024.

A la aportación empresarial a la cotización por contingencias comunes le es de aplicación una serie de **reducciones** hasta el año 2031, que están reguladas en la **Disposición Transitoria 18.ª** del Real Decreto Legislativo 8/2015.

La **cotización por accidentes de trabajo y enfermedades profesionales** corre exclusivamente a cargo de la empresa y se realiza en función de la tarifa de primas de la Disposición Adicional 4.ª Ley 42/2006, de 28 de diciembre, de Presupuestos Generales del Estado para 2007.

Durante el período de actividad, los tipos de cotización para IT, riesgo durante el embarazo y durante la lactancia natural, nacimiento y cuidado de menor, y corresponsabilidad en el cuidado del lactante, dependerán del tipo de contrato:

Contrato indefinido
- Grupo 1: 15,50 %.
- Grupo 2 a 11: 2,75 %.

Contrato temporal/fijo discontinuo
- Para los días en los que la persona trabajadora está contratada, pero no ha trabajado, se aplican las normas y los tipos establecidos para la contratación indefinida.
- La persona trabajadora está obligada a ingresar la cotización de los períodos de inactividad, respecto de los días en los que no esté previsto el trabajo (excepto si está cobrando el subsidio por nacimiento y cuidado de menor).

2.6. Cotización en el sistema especial para empleados de hogar

La cotización por la contratación de un empleado de hogar se realiza en función de unas bases tarifadas y de la aplicación de unos tipos determinados:

Base de cotización

- La base de cotización por contingencias comunes se determina en función de las bases tarifadas que dependen de la retribución mensual del empleado de hogar y que anualmente son revisadas y publicadas por normativa.
- Para calcular la retribución mensual del empleado de hogar, el importe percibido mensualmente debe ser incrementado con la parte proporcional de las pagas extraordinarias que tenga derecho a percibir.

Tipos de cotización

- Para las contingencias comunes, el tipo de cotización del empleador es de 23,60 % (+0,67 % MEI) y para la persona trabajadora de 4,70 % (+0,13 % MEI).
- Para las contingencias profesionales se aplican los tipos previstos en la tarifa de primas aprobada por la DA 4.ª Ley 42/2006, de 28 de diciembre, y están a cargo exclusivo del empleador.

 PARA SABER MÁS

En la página web de la Seguridad Social se encuentra un apartado dedicado a la cotización en el sistema especial para empleados de hogar. Puedes visualizarlo accediendo aquí:

https://redirectoronline.com/adgd188po0403

3. Retenciones e ingresos a cuenta del IRPF

👉 HILO CONDUCTOR

Otro de los conceptos deducibles en la nómina es el relacionado con el impuesto sobre la renta de las personas físicas. Aunque a Fernando le ha quedado todo claro, le pregunta al formador del curso si este impuesto se aplica a todos los trabajadores que trabajen por cuenta ajena, independientemente del régimen de la Seguridad Social en el que estén incluidos.

- -

La empresa está **obligada a retener e ingresar en la Hacienda Pública** determinadas cantidades en concepto de pago a cuenta por el impuesto sobre la renta de las personas físicas, cuando satisfaga rendimientos del trabajo o prestaciones dinerarias por cuenta de la Seguridad Social.

En el segundo apartado del bloque **Deducciones** se debe reflejar el **importe de la retención** que la empresa practica a sus trabajadores. Este es el resultado de aplicar al rendimiento íntegro (total devengado de la nómina) un porcentaje, que se fija según ciertas características de la persona trabajadora, tales como:

Situación personal y familiar
- Hace referencia a la situación conyugal que posee el trabajador, número de hijos a cargo, sus edades y ascendientes o discapacitados a cargo.

Tipo de contrato
- Según el tipo de contrato concertado, el porcentaje de retención varía. Por ejemplo, un contrato de duración determinada tiene menos retenciones que un contrato indefinido, ya que no puede ser inferior al 2 %.

Retribuciones
- Estos importes determinan el intervalo en el que se encuentra el porcentaje que se va a aplicar en la nómina de la persona trabajadora.

NOTA

A diferencia de la deducción por las cuotas de la Seguridad Social, la empresa puede efectuar la retención impositiva en cualquier momento posterior al legalmente previsto si por error no la efectuó en su momento o en la cuantía correcta.

APLICACIÓN PRÁCTICA

En la nómina de Mariana aparece que su salario base es 1.600 €, la antigüedad 100,20 € y el plus transporte 80,80 €. Se sabe también que tiene dos pagas extraordinarias de 1.500 € cada una, pero solo a efectos de cotización. Si por sus circunstancias familiares le corresponde un 5,5 % de retención, ¿qué importe se incluirá en el apartado Impuesto sobre la renta de las personas físicas del bloque Deducciones de su nómina?

Solución

El importe de la retención que va a figurar en la nómina de Mariana es 97,95 €. Se obtiene aplicando el tipo de retención (5,5 %) al total devengado, que en este caso asciende a 1.781 €, resultante de sumar el salario base, la antigüedad y el plus transporte (1.600 + 100,2 + 80,8).

Las pagas extraordinarias no se tienen en cuenta en el total devengado porque se indica que solo son a efectos de cotización, lo que quiere decir que se cobrarán en los meses que estén estipulados en la empresa.

Uno de los apartados que integran el módulo Deducciones es el que se corresponde con el **valor de los productos recibidos en especie.** Por estos productos, la empresa debe practicarle al trabajador un **ingreso a cuenta del IRPF.** En la nómina se deduce la cuantía en la que se valora el producto en especie y que, como partida salarial que es a todos los efectos, es reflejada en ella.

Es importante aclarar que cuando la empresa entrega a la persona trabajadora importes en metálico para que adquiera los bienes, derechos o servicios, dicha percepción no tiene la consideración de retribución en especie, sino de dineraria.

 **RECUERDA**

Constituyen productos en especie la utilización, consumo u obtención, para fines particulares, de bienes, derechos o servicios de forma gratuita o por precio inferior al normal de mercado, aun cuando no supongan un gasto real para quien lo conceda.

4. Otras deducciones

☞ **HILO CONDUCTOR**

Para finalizar el módulo, el formador ha creído necesario explicar algunas deducciones más, aunque sean por circunstancias poco usuales en la empresa. Como entre estas circunstancias están los anticipos, Andrea le plantea al formador un caso real que le ocurrió a un familiar, para que lo compruebe y vea si está correctamente tratado.

Además de aplicar las citadas deducciones, en determinados supuestos la empresa puede restar al total devengado del mes que se liquida ciertos conceptos, encontrándose entre ellos los **anticipos.**

El trabajador y, con su autorización, sus representantes legales tienen derecho a percibir, sin que llegue el día señalado para el pago de su salario, **anticipos a cuenta del trabajo ya realizado.** La cuantía máxima del anticipo y su devolución están reguladas en el convenio colectivo o, en su defecto, en el contrato individual de trabajo. En consecuencia, la empresa puede deducir en el recibo de salarios de la persona trabajadora lo anticipado por este concepto.

Para que la cantidad adelantada sea considerada como anticipo se ha de devolver en el mismo mes en el que se practica.

 **VÍDEO**

Puedes ver cómo se cumplimenta una nómina de un trabajador que ha recibido un anticipo, accediendo aquí:

https://redirectoronline.com/adgd188po0404

Existe un tipo de anticipo, **anticipo estímulo,** cuyo objetivo es estimular a las personas trabajadoras a aceptar un empleo. Sus principales características son:

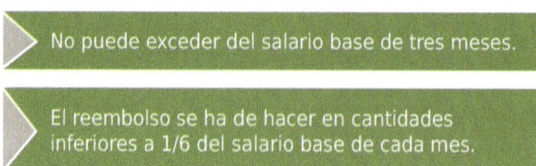

No puede exceder del salario base de tres meses.

El reembolso se ha de hacer en cantidades inferiores a 1/6 del salario base de cada mes.

NOTA

El bloque Deducciones de la nómina cuenta con un apartado para reflejar el importe del anticipo practicado.

Otro conjunto de **deducciones** que se pueden incluir en la nómina son:

Indemnización por extinción del contrato por causas objetivas
- Cuando la extinción del contrato por causas objetivas se declara improcedente y la empresa procede a la readmisión, la persona trabajadora ha de reintegrarle la indemnización si le hubiese sido entregada.

Préstamos con garantía de salario
- Hace referencia al importe de las cuotas de amortización de los préstamos que la empresa ha concedido a sus trabajadores. Se considera válido el pacto que obliga al reintegro total del préstamo en el momento de extinguirse el contrato, cualesquiera que fueran los vencimientos acordados inicialmente.

Otras deducciones
- Cuota sindical
- Canon por negociación
- Abandono del trabajo sin preaviso o ausencias sin notificar
- Sanción disciplinaria
- Huelga o cierre patronal
- Etc.

TAREA 8

La empresa Avimar va a realizar la nómina de julio de su trabajador Javier López Arroyo. Teniendo en cuenta los datos proporcionados, realiza los cálculos necesarios y cumplimenta el recibo de salarios de este trabajador.

Continúa en página siguiente >>

<< Viene de página anterior

Datos empresa:

Empresa o razón social: Avimar, S. A.
Domicilio: Cartagena (Murcia)
NIF: 22876593C
Código de cuenta de cotización: 1/478944458
Actividad: telecomunicaciones
CNAE: 61
Tarifa de primas por AT y EP:
    IT: 0,80
    IMS: 0,70

Datos trabajador:

Nombre: Javier López Arroyo
NIF: 24846433C
N.º Seg. Social: 01/5224159
Categoría: jefe administración
Grupo de cotización: 3
Período: Del 1 al 30 julio
Retribuciones en el mes:

Salario base: 1.500 €/mes
Plus de transporte: 45,08 €/mes

IRPF: 11 %
Días del mes: 31
Días hábiles: 30

Gratificaciones extraordinarias a efectos de prorrateo: 2 pagas, Navidad y de verano, de 1.500 € cada una.

---

5. Resumen

Las **cotizaciones a la Seguridad Social** por parte de la empresa y de las personas trabajadoras están reflejadas en el recibo de salarios. Las que corresponden a los trabajadores están incluidas en el bloque **Deducciones,** junto con otro tipo de deducciones. De la nómina se deducen determinados importes para la cobertura de:

- **Contingencias comunes:** importes destinados a cubrir las situaciones de enfermedad común y accidentes no laborales; además de las situaciones por nacimiento y cuidado de menor, adopción y acogimiento previo durante los períodos de descanso.

   Cotizan por esta contingencia tanto la empresa como las personas trabajadoras.

- **Contingencias profesionales:** importes destinados a cubrir las situaciones de enfermedad profesional y accidentes laborales.

   Esta contingencia incluye las cuotas por incapacidad temporal (IT) y las cuotas por incapacidad permanente, muerte y supervivencia (IMS).

   La empresa es la única que cotiza por esta contingencia.

- **Desempleo:** cubre las prestaciones económicas y asistenciales que reciben las personas trabajadoras cuando se produce la pérdida de ingresos al dejar de trabajar.

   Va a cargo de la empresa y del trabajador durante la relación laboral.

- **FOGASA:** cotización exclusiva de la empresa para garantizar los salarios de sus trabajadores en los supuestos en los que la empresa no pueda afrontarlos.

- **Formación profesional:** esta contingencia va destinada a fines formativos, de reciclaje, etc., del personal de la empresa.

   Esta contingencia corresponde tanto a la empresa como a las personas trabajadoras.

- **Horas extraordinarias:** la cuota de esta cotización adicional se destina a incrementar los recursos generales del sistema de la Seguridad Social y no es computable para determinar la base reguladora de las prestaciones.

   Su cotización corre a cargo de la empresa y de los trabajadores.

La cotización a la Seguridad Social se obtiene **aplicando los diferentes tipos a las bases de cotización** que corresponden en cada caso y que están limitadas según el **grupo de cotización** de que se trate. Estos elementos se caracterizan por:

- **Grupo de cotización:** es la clasificación a efectos de cotización a la Seguridad Social de las diferentes categorías profesionales y son once grupos. Cada grupo está sujeto a los límites de las bases máximas y mínimas, establecidas por ley.

   Las personas trabajadoras incluidas en los grupos 1 a 7 cotizan siempre por 30 días, ya que su cotización es mensual; mientras que las de los grupos 8 a 11 cotizan por los días naturales que tenga el mes, por ser la cotización de carácter diario.

- **Bases de cotización:**

   ◔ **Base de cotización por contingencias comunes (BCCC):** está compuesta por los devengos menos las horas extraordinarias y los conceptos extrasalariales no computables. Se calcula sumando a la remuneración mensual la prorrata de las pagas extras. Su importe debe estar entre el límite mínimo y máximo establecido por ley.

◑ **Base de cotización por contingencias profesionales (BCCP):** se calcula sumándole a la BCCC las horas extraordinarias realizadas en el mes. Su importe ha de estar comprendido entre el tope mínimo y máximo recogido por ley.

◑ **Base de cotización por desempleo, FOGASA y FP:** se corresponde con la base de cotización por contingencias profesionales.

◑ **Base de cotización adicional por horas extraordinarias:** se calcula sobre el total de las remuneraciones abonadas por este concepto en el mes.

➲ **Tipos de cotización:** son los porcentajes que se aplican sobre la base de cotización para obtener las cuotas de la Seguridad Social reflejadas en la nómina.
Sus porcentajes están regulados por normativa y son revisados anualmente.

Tanto el sistema especial por cuenta ajena agrario como el sistema especial para empleados de hogar cuentan con normas especiales para la determinación de sus bases de cotización y con tipos de cotización propios.

Las **retenciones** que la empresa practica a sus trabajadores se reflejan en la nómina en el bloque Deducciones. Se calculan aplicando al total devengado un porcentaje (tipo de retención) que va en función de la situación personal y familiar, el tipo de contrato y las retribuciones.

El resto de deducciones que se reflejan en la nómina son, entre otras:

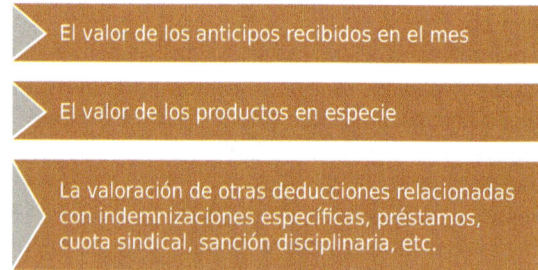

El valor de los anticipos recibidos en el mes

El valor de los productos en especie

La valoración de otras deducciones relacionadas con indemnizaciones específicas, préstamos, cuota sindical, sanción disciplinaria, etc.

Ejercicios de autoevaluación
Unidad de Aprendizaje 4

1. **En el régimen general de la Seguridad Social, ¿a qué tipo de situaciones dan cobertura las contingencias comunes? Señala todas las respuestas correctas.**

    a. Enfermedad profesional.
    b. Enfermedad común.
    c. Accidente no laboral.
    d. Accidente laboral.

2. **¿Cuáles son los conceptos por los que cotiza exclusivamente la empresa?**

    a. Contingencias comunes y contingencias profesionales.
    b. Formación profesional y desempleo.
    c. Desempleo, FOGASA y FP.
    d. Contingencias profesionales y FOGASA.

3. **La base de cotización de las personas trabajadoras que están incluidas en el grupo de cotización 5, cotizan por...**

    a. ... 30 días.
    b. ... meses naturales.
    c. ... días.
    d. ... semanas.

4. **La base de cotización por contingencias profesionales se diferencia de la base de cotización por contingencias comunes en:**

    a. Las gratificaciones extraordinarias.
    b. Las horas extraordinarias.
    c. Las horas complementarias.
    d. Los anticipos.

5. ¿Qué importes de los siguientes no se incluyen en la base de cotización? Señala todas las respuestas correctas.

   a. Las retribuciones pagadas por el desplazamiento a un lugar distinto del centro de trabajo.
   b. Las indemnizaciones por fallecimiento.
   c. Las pagas extraordinarias.
   d. Las prestaciones de la Seguridad Social.

6. ¿Cómo se determina la base de cotización de un trabajador eventual del sector agrario que ha realizado 35 jornales en el mes?

   a. Por jornal.
   b. Por días.
   c. Por meses.
   d. Por años.

7. Indica si la siguiente afirmación es verdadera o falsa: "En la determinación del tipo de cotización se considera período de inactividad cuando en un mes el número de días naturales de alta es superior al número de jornadas reales en dicho mes multiplicado por 1,3636".

   ■ Verdadero
   ■ Falso

8. Indica si la siguiente afirmación es verdadera o falsa: "El tipo de retención que se aplica para obtener el importe del IRPF que se refleja en la nómina depende de la situación personal y familiar de la persona trabajadora, del tipo de contrato y de las retribuciones percibidas".

   ■ Verdadero
   ■ Falso

9. Indica si la siguiente afirmación es verdadera o falsa: "Tiene la consideración de retribución en especie tanto la utilización de bienes de forma gratuita o por precio inferior al normal como los importes recibidos en metálico para la adquisición de bienes o servicios".

   ■ Verdadero
   ■ Falso

10. Indica si la siguiente afirmación es verdadera o falsa: "Las cuotas de amortización de los préstamos con garantía de salario se consideran deducciones de la nómina".

■ Verdadero
■ Falso

Cálculo de retenciones e ingresos del IRPF

Contenido

Objetivos

El objetivo general de esta Unidad de Aprendizaje es:

→ Descubrir las normas que rigen la práctica de las retenciones e ingresos a cuenta del IRPF en la nómina.

Los objetivos específicos de esta Unidad de Aprendizaje son:

→ Aplicar las normas legales para cumplimentar correctamente el modelo 145.

→ Describir algunas particularidades sobre la regularización del tipo de retención.

→ Identificar el tipo de retención que se debe aplicar en una situación especial.

→ Calcular el tipo de retención que le corresponde practicar a una empresa.

→ Interpretar un supuesto de exención de IRPF.

1. Introducción

La Ley 40/1998, de 9 de diciembre, reguladora del impuesto sobre la renta de las personas físicas (IRPF) elevó considerablemente el límite de la obligación de declarar para el conjunto de contribuyentes de dicho impuesto perceptores de rendimientos del trabajo, con la consecuencia de que muchos de dichos contribuyentes no tuvieran que presentar declaración a partir de dicho ejercicio, circunstancia de la que se deriva que su tributación quedase limitada, como máximo, a las retenciones que se les hubieran practicado.

Por ello y por razones de equidad, fue necesario establecer un nuevo sistema de determinación de las retenciones que permitiese la mayor aproximación posible entre su importe y la cuota tributaria. El nuevo sistema previó un mecanismo para la regularización del tipo de retención inicialmente calculado en aquellos supuestos en que se produjeran, en el transcurso del año, variaciones en los datos económicos o en las circunstancias personales y familiares del perceptor respecto de los datos y circunstancias inicialmente considerados.

Posteriormente, la Ley 46/2002, de 18 de diciembre, introdujo importantes modificaciones en el Real Decreto Legislativo 3/2004, de 5 de marzo, regulador del impuesto, que afectaron a las distintas variables y magnitudes implicadas en la determinación del importe de las retenciones derivadas de los rendimientos del trabajo de las personas trabajadoras.

Para saber más sobre las normas que rigen la práctica de las retenciones del IRPF en el recibo de salarios, nos vamos a basar en la parte de la formación que están recibiendo Andrea y Fernando que explica con detalle este aspecto.

2. Obligaciones del perceptor

 **HILO CONDUCTOR**

Para abordar en el curso la temática de las retenciones, el formador toma como ejemplo una empresa ficticia y, a partir de sus datos económicos y de la información de la plantilla, va desarrollando el contenido de este módulo. Comienza por las obligaciones legales que sobre las retenciones tienen tanto la empresa como sus trabajadores.

- -

La empresa está **obligada a retener determinadas cantidades** en concepto de pago a cuenta del impuesto sobre la renta de las personas físicas cuando satisfaga rendimientos de trabajo o prestaciones dinerarias por cuenta de la Seguridad Social del total devengado o bruto de la nómina.

Según la norma legal, **los rendimientos íntegros del trabajo** son todas las contraprestaciones o utilidades fijas y variables, cualquiera que sea su denominación o naturaleza (tanto dinerarias como en especie), que deriven directa o indirectamente del trabajo y retribuyan o se deriven del trabajo personal o sean consecuencia de la relación laboral.

La empresa retenedora tiene la obligación de declarar e ingresar en la Agencia Tributaria las cantidades retenidas a sus trabajadores en la nómina. (© Fotografía: Cromavision / Shutterstock.com)

NOTA

Las normas legales que regulan las retenciones e ingresos a cuenta son la Ley 35/2006, de 28 de noviembre, del impuesto sobre la renta de las personas físicas ("Título VII. Pagos a cuenta") y su reglamento de desarrollo, Real Decreto 439/2007, de 30 de marzo.

Se incluyen como **rendimientos del trabajo,** entre otros, los siguientes:

- Los sueldos y salarios.
- Los premios e indemnizaciones derivados del trabajo en lo que exceda de los importes excluidos de gravamen.

➲ Las prestaciones de desempleo, salvo que se perciban en la modalidad de pago único.
➲ Las pensiones, salvo las de incapacidad permanente absoluta o gran invalidez reconocidas por la Seguridad Social.
➲ Los subsidios por incapacidad temporal.
➲ Las becas, salvo los importes considerados exentos.
➲ Las dietas y asignaciones para gastos de viaje, excepto los de locomoción y los normales de manutención y estancia en establecimientos de hostelería con los límites que reglamentariamente se establezcan.

También tienen la consideración de rendimientos del trabajo determinadas prestaciones tales como las pensiones de la Seguridad Social por IT, jubilación o accidente, entre otras; las derivadas de planes de pensiones, planes de previsión social empresarial, etc.

Con carácter general, **están obligados a retener y/o ingresar a cuenta los siguientes sujetos o entidades,** desde el momento en el que satisfacen rentas sometidas a esta obligación (rentas del trabajo o actividades económicas):

> Las personas jurídicas y demás entidades, incluidas las comunidades de propietarios y las entidades en régimen de atribución de rentas.

> Los empresarios individuales y profesionales, cuando satisfagan o abonen rentas en el ejercicio de sus actividades.

> Las personas físicas, jurídicas y demás entidades no residentes en territorio español que operen en dicho territorio mediante establecimiento permanente.

> Las personas físicas, jurídicas y demás entidades no residentes en territorio español que operen sin mediación de establecimiento permanente, en cuanto a los rendimientos de trabajo que satisfagan.

> El representante designado, en el caso de operaciones realizadas en España por fondos de pensiones domiciliados en otro Estado miembro de la UE, cuando desarrollen planes de pensiones de empleo sujeto a la normativa española.

Las personas trabajadoras tienen la obligación de cumplimentar el modelo 145, tanto al principio del año, comienzo de la relación laboral, como ante cualquier cambio en la situación personal y familiar que implique una modificación en el porcentaje a retener. De esta forma la empresa recopila la información necesaria para practicar la retención lo más ajustadamente posible a la situación de cada trabajador.

3. Comunicación de datos al pagador (modelo 145)

☞ HILO CONDUCTOR

Entre los modelos que se utilizan en la gestión de las retenciones e ingresos a cuenta, se encuentra el modelo 145, "Comunicación de datos al pagador". El formador plantea un ejercicio colaborativo para que el alumnado busque información sobre este modelo y su regulación normativa. Andrea y Fernando lo resuelven juntos y lo exponen al resto de compañeros.

Las personas trabajadoras tienen la obligación de comunicar al pagador (la empresa) **la situación personal y familiar** que influye en el importe exento de retener, en la determinación del tipo de retención o en las regularizaciones necesarias. La empresa está obligada a conservar la comunicación debidamente firmada por sus trabajadores.

Los **datos** que recopila la empresa para calcular correctamente la retención de la persona trabajadora son:

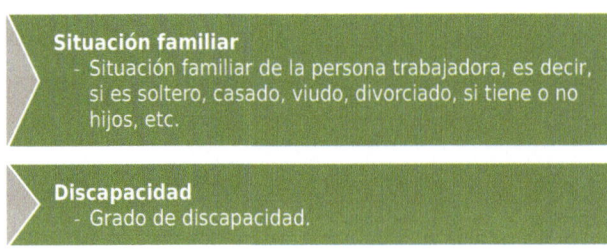

Situación familiar
- Situación familiar de la persona trabajadora, es decir, si es soltero, casado, viudo, divorciado, si tiene o no hijos, etc.

Discapacidad
- Grado de discapacidad.

Continúa en página siguiente >>

<< Viene de página anterior

Movilidad geográfica
- Si es necesario que, para desempeñar el trabajo, se deba realizar un desplazamiento a otro lugar distinto.

Pensión compensatoria
- Si satisface alguna pensión compensatoria, por orden judicial, a favor de su cónyuge.

Anualidades por alimentos
- Si satisface anualidades por alimentos, por orden judicial, a favor de sus hijos.

Vivienda habitual
- Si parte del salario está dirigido a la adquisición o rehabilitación de su vivienda habitual (nunca ampliación o construcción), mediante financiación ajena, por la que tenga derecho a practicar la deducción por inversión de vivienda habitual.

Las comunicaciones de los datos a la empresa se realizan mediante el **modelo 145** o mediante medios telemáticos o electrónicos que garanticen la autenticidad del origen y la integridad de los datos, la conservación adecuada de la comunicación y la accesibilidad a la información de la Administración Tributaria.

En la **página web de la Agencia Tributaria está el modelo disponible** para su descarga y posterior cumplimentación, accediendo a la siguiente ruta de apartados: **Presentación de declaraciones, calendario del contribuyente → Todas las declaraciones por modelo → Presentar y consultar declaraciones.** El aspecto que tiene el modelo es el que se muestra a continuación:

Impuesto sobre la Renta de las Personas Físicas   Retenciones sobre rendimientos del trabajo

Comunicación de datos al pagador (artículo 88 del Reglamento del IRPF)

Modelo **145**

Si prefiere no comunicar a la empresa o entidad pagadora alguno de los datos a que se refiere este modelo, la retención que se le practique podría resultar superior a la procedente. En tal caso, podrá recuperar la diferencia, si procede, al presentar su declaración del IRPF correspondiente al ejercicio de que se trate.

Atención: la inclusión de datos falsos, incompletos o inexactos en esta comunicación, así como la falta de comunicación de variaciones en los mismos que, de haber sido conocidas por el pagador, hubieran determinado una retención superior, constituye infracción tributaria sancionable con multa del 35 al 150 por 100 de las cantidades que se hubieran dejado de retener por esta causa. (Artículo 205 de la Ley 58/2003, de 17 de diciembre, General Tributaria).

1. Datos del perceptor que efectúa la comunicación

NIF

Apellidos y Nombre

Año de nacimiento

Situación familiar:
- Soltero/a, viudo/a, divorciado/a o separado/a legalmente con hijos solteros menores de 18 años o incapacitados judicialmente y sometidos a patria potestad prorrogada o rehabilitada que conviven exclusivamente con Vd., sin convivir también con el otro progenitor, siempre que proceda consignar al menos un hijo o descendiente en el apartado 2 de este documento **1**
- Casado/a y no separado/a legalmente cuyo cónyuge no obtiene rentas superiores a 1.500 euros anuales, excluidas las exentas **2**

  NIF del cónyuge (si ha marcado la casilla 2, deberá consignar en esta casilla el NIF de su cónyuge) ....
- Situación familiar distinta de las dos anteriores (solteros sin hijos, casados cuyo cónyuge obtiene rentas superiores a 1.500 euros anuales, ..., etc.). (Marque también esta casilla si no desea manifestar su situación familiar). **3**

Discapacidad (grado de discapacidad reconocido)   Igual o superior al 33% e inferior al 65% ....   Igual o superior al 65%   Además, tengo acreditada la necesidad de ayuda de terceras personas o movilidad reducida ....

Movilidad geográfica: Si anteriormente estaba Vd. en situación de desempleo e inscrito en la oficina de empleo y la aceptación del puesto de trabajo actual ha exigido el traslado de su residencia habitual a un nuevo municipio, indique la fecha de dicho traslado ....

Obtención de rendimientos con período de generación superior a 2 años durante los 5 periodos impositivos anteriores:
Marque esta casilla si, en el plazo comprendido en los 5 periodos impositivos anteriores al ejercicio al que corresponde la presente comunicación, ha percibido rendimientos del trabajo con período de generación superior a 2 años, a los que, a efectos del cálculo del tipo de retención le haya sido aplicada la reducción por irregularidad contemplada en el artículo 18.2 de la Ley del Impuesto y, sin embargo, posteriormente usted no haya aplicado la citada reducción en su correspondiente autoliquidación del Impuesto sobre la Renta ....

2. Hijos y otros descendientes menores de 25 años, o mayores de dicha edad si son discapacitados, que conviven con el perceptor

Datos de los hijos o descendientes menores de 25 años (o mayores de dicha edad si son discapacitados) que conviven con Vd. y que no tienen rentas anuales superiores a 8.000 euros.

Año de nacimiento	Año de adopción o acogimiento (1)	Hijos o descendientes con discapacidad (grado de discapacidad reconocido)			Cómputo por entero de hijos o descendientes
		Si alguno de los hijos o descendientes tiene reconocido un grado de discapacidad igual o superior al 33 por 100, marque con una "X" la/s casilla/s que corresponda/n a su situación.			En caso de que convivan únicamente con Vd., sin convivir también con el otro progenitor (o madre), o de nietos que convivan únicamente con Vd., sin convivir también con ningún otro de sus abuelos, indíquelo marcando con una "X" esta casilla.
		Grado igual o superior al 33% e inferior al 65%	Grado igual o superior al 65%	Además, tiene acreditada la necesidad de ayuda de terceras personas o movilidad reducida	**Atención:** Si tiene más de cuatro hijos o descendientes, adjunte otro ejemplar con los datos del quinto y sucesivos.

(1) Solamente en el caso de hijos adoptados o de menores acogidos. Tratándose de hijos adoptados que previamente hubieran estado acogidos, indique únicamente el año del acogimiento.

3. Ascendientes mayores de 65 años, o menores de dicha edad si son discapacitados, que conviven con el perceptor

Datos de los ascendientes mayores de 65 años (o menores de dicha edad si son discapacitados) que conviven con Vd. durante, al menos, la mitad del año y que no tienen rentas anuales superiores a 8.000 euros.

Año de nacimiento	Ascendientes con discapacidad (grado de discapacidad reconocido)			Convivencia con otros descendientes
	Si alguno de los ascendientes tiene reconocido un grado de discapacidad igual o superior al 33 por 100, marque con una "X" la/s casilla/s que corresponda/n a su situación.			Si alguno de los ascendientes convive también, al menos durante la mitad del año, con otros descendientes del mismo grado que Vd., indique en esta casilla el número total de descendientes con los que convive, incluido Vd. (Si los ascendientes sólo conviven con Vd., no rellene esta casilla).
	Grado igual o superior al 33% e inferior al 65%	Grado igual o superior al 65%	Además, tiene acreditada la necesidad de ayuda de terceras personas o movilidad reducida	

4. Pensiones compensatorias en favor del cónyuge y anualidades por alimentos en favor de los hijos, fijadas ambas por decisión judicial

Pensión compensatoria en favor del cónyuge. Importe anual que está Vd. obligado a satisfacer por resolución judicial ....

Anualidades por alimentos en favor de los hijos. Importe anual que está Vd. obligado a satisfacer por resolución judicial ....

5. Pagos por la adquisición o rehabilitación de la vivienda habitual utilizando financiación ajena, con derecho a deducción en el IRPF

Importante: sólo podrán cumplimentar este apartado los contribuyentes que hayan adquirido su vivienda habitual, o hayan satisfecho cantidades por obras de rehabilitación de la misma, antes del 1 de enero de 2013.

Si está Vd. efectuando pagos por préstamos destinados a la adquisición o rehabilitación de su vivienda habitual por los que vaya a tener derecho a deducción por inversión en vivienda habitual en el IRPF y la cuantía total de sus retribuciones íntegras en concepto de rendimientos del trabajo procedentes de todos los pagadores es inferior a 33.007,20 euros anuales, marque con una "X" esta casilla ....

6. Fecha y firma de la comunicación

Manifiesto ser contribuyente del IRPF y declaro que son ciertos los datos arriba indicados, presentando ante la empresa o entidad pagadora la presente comunicación de mi situación personal y familiar, o de su variación, a los efectos previstos en el artículo 88 del Reglamento del IRPF.

_____ , ___ de _____ de _____

Firma del perceptor:

Fdo.: D / D.ª

7. Acuse de recibo

La empresa o entidad:

acusa recibo de la presente comunicación y documentación.

_____ , ___ de _____ de _____

Firma autorizada y sello de la empresa o entidad pagadora:

Fdo.: D / D.ª

De conformidad con lo dispuesto en el artículo 11 de la Ley Orgánica 3/2018, de 5 de diciembre, de Protección de Datos Personales y garantía de los derechos digitales, el perceptor tendrá derecho a ser informado previamente de la existencia de un fichero o tratamiento de datos de carácter personal, de la finalidad de la recogida de éstos y de los destinatarios de la información, de la identidad y dirección del responsable del tratamiento o, en su caso, de su representante, así como de la posibilidad de ejercitar sus derechos de acceso, rectificación o cancelación de los mismos.

El modelo cuenta con las siguientes **partes:**

- **Datos del perceptor (trabajador):** se deben revisar los datos personales del trabajador, como NIF, apellidos, nombre y fecha de nacimiento. En relación con la situación familiar, solo se debe marcar una de las tres opciones que existen. También se marcará la casilla correspondiente al grado de discapacidad cuando la persona trabajadora tenga reconocido un grado igual o superior al 33 %.
- **Hijos y otros descendientes:** hay que reflejar el año de nacimiento o adopción de todos los hijos menores de 25 años, solteros y que convivan con la persona trabajadora (sin límite de edad si tienen discapacidad), siempre que no ganen o prevean que no van a ganar más de 8.000 € en el año. Cuando convivan solo con uno de los progenitores que declara sus datos, se debe marcar la casilla denominada Cómputo por entero de hijos o descendientes.
- **Ascendientes mayores de 65 años:** se cumplimenta cuando los progenitores de la persona trabajadora convivan con ella al menos la mitad del año y no tengan rentas anuales mayores a 8.000 €. Los ascendientes deben tener más de 65 años, o menos en el caso de que sean personas discapacitadas.
- **Pensiones compensatorias:** se cumplimenta cuando la persona trabajadora deba aportar una pensión compensatoria al cónyuge o una anualidad por alimentos a los hijos, siempre por resolución judicial.
- **Pago por la adquisición o rehabilitación de la vivienda habitual utilizando financiación ajena:** se cumplimenta por las personas trabajadoras que tengan una hipoteca por adquisición de vivienda habitual con derecho a deducción, que solo es en el caso de viviendas habituales adquiridas antes del 01-01-2013.
- **Firma de la persona trabajadora y de la empresa:** son los últimos apartados, el 6 y el 7, donde debe firmar la persona trabajadora y la empresa. Por un lado, la persona trabajadora debe firmar y fechar la comunicación y, por otro, la empresa debe acreditar el haber recibido la comunicación.

NOTA

Las casillas que se han de marcar en la situación familiar, según cada caso, son:

a. Si la persona trabajadora está soltera sin hijos, se marca la casilla 3.
b. Si la persona trabajadora está casada (con o sin hijos) y su cónyuge gana o prevé que va a ganar:
Menos de 1.500 €/año, se marca la casilla 2 y se rellena la casilla del NIF del cónyuge.

Continúa en página siguiente >>

<< Viene de página anterior

Más de 1.500 €/año, se marca la casilla 3.
c. Si la persona trabajadora está soltera, separada o divorciada y tiene:
Algún hijo menor de 18 años, se marca la casilla 1 y se rellena el apartado 2 (Hijos y otros descendientes).
Hijos solo mayores de 18 años, se marca la casilla 3.
d. Si la persona trabajadora está viuda y tiene:
Algún hijo menor de 18 años, se marca la casilla 1 y se cumplimenta el apartado 2 (Hijos y otros descendientes).
Hijos mayores de 18 años, se marca la casilla 3.

APLICACIÓN PRÁCTICA

En enero, la situación familiar de Adela ha cambiado. A su marido lo han despedido y ha decidido formarse para presentarse al año siguiente a unas oposiciones. Como durante este año él no va a tener ingresos, ¿qué apartado del modelo 145 de Adela se verá afectado por esta situación?

Solución

El apartado que cambia es el relacionado con los datos del perceptor que efectúa la comunicación, ya que su situación familiar ha cambiado respecto del año anterior. Adela venía cumplimentando la casilla 3 por estar casada y por tener su cónyuge rentas superiores a 1.500 € anuales. Como este año prevé que su marido no va a tener rentas superiores a ese importe por estar preparándose las oposiciones, debe marcar la casilla 2 e indicar su NIF en ese mismo apartado.

---

4. Cálculo de retenciones e ingresos del IRPF

 HILO CONDUCTOR

Aunque el cálculo de las retenciones es un procedimiento que se puede realizar de forma automática, el formador del curso ha creído conveniente que sus

Continúa en página siguiente >>

<< Viene de página anterior

alumnos conozcan el procedimiento manual. Este está basado en las normas que la ley y el reglamento de IRPF contienen.

La empresa es la que ha de calcular las retenciones e ingresos a cuenta del IRPF que se deben aplicar en las nóminas de sus trabajadores, teniendo en cuenta los ingresos percibidos de la persona trabajadora, así como su situación personal, familiar y tipo de contrato. La cuantía de la retención es el resultado de **aplicar al rendimiento íntegro el porcentaje correspondiente** determinado por dicha información. O, lo que es lo mismo, multiplicar el importe del total devengado de la nómina por el tipo de retención.

El reglamento regula en sus artículos 80 a 89 las **normas generales y el cálculo de las retenciones** de los distintos rendimientos que se incluyen en el impuesto sobre la renta de las personas físicas, entre los cuales se encuentran los rendimientos del trabajo.

La información recopilada en el modelo 145 es fundamental para el cálculo del tipo de retención aplicable. (© Fotografía: Mehaniq / Shutterstock.com)

En su **procedimiento de cálculo** se deben seguir los siguientes pasos, en este orden:

Paso 1.º
- Calcular la base de cálculo del tipo de retención según las reglas del art. 83 del reglamento.

Continúa en página siguiente >>

<< Viene de página anterior

Paso 2.º
- Calcular el mínimo personal y familiar según el art. 84 del reglamento.

Paso 3.º
- Calcular la cuota de retención según el art. 85 del reglamento.

Paso 4.º
- Calcular el tipo de retención según el art. 86 del reglamento.

Paso 5.º
- Calcular el importe de la retención multiplicando el tipo de retención obtenido por la cuantía total de las retribuciones, ajustando dicho importe con las regularizaciones, si procede (art. 87 del reglamento).

IMPORTANTE

Si el total de las retribuciones es inferior a 33.007,20 €, y la persona trabajadora ha utilizado financiación ajena para la rehabilitación o adquisición de su vivienda habitual, por la cual tiene derecho a la deducción por inversión en vivienda habitual en el IRPF, el tipo de retención se puede reducir en dos puntos, sin que este pueda resultar negativo.

PARA SABER MÁS

La Agencia Tributaria pone a disposición del contribuyente un servicio telemático para calcular de forma automática el tipo de retención. Puedes visualizarlo accediendo aquí:

Continúa en página siguiente >>

<< Viene de página anterior

https://redirectoronline.com/adgd188po0501

 EJEMPLO

Mario está soltero y no tiene hijos. Percibe en el mes de abril las siguientes remuneraciones por su trabajo:

Salario base: 1.721 €
Antigüedad: 83 €

Dos pagas extraordinarias formadas por el salario base, una en julio y otra en diciembre.

En la determinación del tipo de retención que aplicar en la nómina se tienen en cuenta los datos personales y económicos, y se aplica el procedimiento de cálculo regulado por el Real Decreto 439/2007, de 30 de marzo.

PASO 1.º: Determinación de la base de cálculo del tipo de retención (art. 83)

El conjunto de las retribuciones anuales está formado por la remuneración anual y las pagas extraordinarias que recibe el trabajador:

Remuneración anual = 1.721 + 83 = 1.804; 1.804 × 12 = 21.648 €
Pagas extraordinarias = 1.721 × 2 = 3.442 €
Total retribuciones anuales = 21.648 + 3.442 = 25.090 €

Continúa en página siguiente >>

<< Viene de página anterior

Las minoraciones y/o deducciones que corresponden en este caso son:

Importe de las cotizaciones a la Seguridad Social: 25.090 × 6,48 % = 1.625,83 € (Conting. comunes + MEI + desempleo + FP = 4,70 % + 0,13 % + 1,55 % + 0,10 %)
Otros gastos deducibles (art. 83.3 c): 2.000 €
Total minoraciones y/o deducciones = 1.625,83 + 2.000 = 3.625,83 €

Base de cálculo del tipo de retención = 25.090 - 3.625,83 = 21.464,17 €

PASO 2.º Determinación del mínimo personal y familiar (art. 84)

En este supuesto solo corresponde aplicar el mínimo personal, que según el artículo 57 de la Ley 35/2006 asciende a 5.550 € anuales. El mínimo familiar no se aplica por no tener descendientes.

PASO 3.º Determinación de la cuota de retención (art. 85)

En primer lugar, se aplica la escala de retención a la base calculada previamente (21.464,17 €), de la siguiente forma:

Hasta 20.200 → 4.225,50 €
Resto 1.264,17 × 30 % = 379,25 €

Cuota = 4.225,50 + 379,25 = 4.604,75 €

En segundo lugar, se aplica la escala de retención al mínimo personal y familiar. En este caso solo corresponde al mínimo personal, ya que no tiene descendientes: Cuota = 5.550 × 19 % = 1.054,50 €.

Cuota total = 4.604,75 - 1.054,50 = 3.550,25 €

PASO 4.º Determinación del tipo de retención (art. 86)

Para calcular el tipo de retención se aplica la siguiente fórmula:

(Cuota de retención / Base de retención) × 100 = (3.550,25 / 25.090) × 100 = 14,150060 %

Según la normativa reguladora se establece que el tipo de retención debe tener solo dos decimales. Por ello, el tipo de retención es 14,15 %.

Continúa en página siguiente >>

<< Viene de página anterior

PASO 5.º Cálculo del importe de la retención del mes de abril

Una vez calculado el tipo de retención, se multiplica este por el total de las retribuciones brutas mensuales que se reflejan en el total devengado de la nómina. La retención que se debe practicar es la siguiente:

Retenciones = Total devengado × tipo de retención = (Salario base + antigüedad) × tipo retención = (1.721 + 83) × 14,15 % = 255,27 €

En la nómina, el tipo de retención y el importe resultante se incluyen en el apartado que se muestra:

II.	DEDUCCIONES			
1.	Aportación del trabajador a las cotizaciones a la Seguridad Social y conceptos de recaudación conjunta			
		%		
	Contingencias comunes + MEI		_____	_____
	Desempleo		_____	_____
	Formación Profesional		_____	_____
	Horas extraordinarias		_____	_____
	....		_____	_____
	TOTAL APORTACIONES			_____
2.	Impuesto sobre la renta de las personas físicas......................	14,15	255,27	_____
3.	Anticipos..			_____
4.	Valor de los productos recibidos en especie			_____
5.	Otra deducciones..			_____
	B. TOTAL A DEDUCIR			_____
	LÍQUIDO TOTAL A PERCIBIR (A — B)			_____

_____ de _____ de 20_____

Firma y sello de la empresa   RECIBÍ

_____   _____

TAREA 9

Catalina presenta la siguiente situación familiar y económica:

- Estado civil: soltera, sin hijos
- Salario base: 1.390 €
- Antigüedad: 75 €
- Plus transporte: 67,5 €

Continúa en página siguiente >>

<< Viene de página anterior

- Dos pagas extraordinarias (julio y diciembre) formadas por el salario base y la antigüedad

¿Cuál es el tipo de retención que le aplicará la empresa en su nómina de octubre? ¿Y el importe de la retención practicada? Desarrolla todo el procedimiento de cálculo.

Cuando se trate de **retribuciones en especie,** la empresa está obligada a realizar un **ingreso a cuenta** del IRPF. Se consideran retribuciones en especie la utilización, consumo u obtención, para fines particulares, de bienes, derechos o servicios de forma gratuita o por precio inferior al normal de mercado, aun cuando no supongan un gasto real para quien las conceda.

Con carácter general, el ingreso a cuenta se calcula aplicando al valor de las retribuciones en especie obtenido según las normas de la ley y el reglamento del IRPF, el tanto por ciento que corresponda en cada caso. Para las **retribuciones en especie del trabajo,** la cuantía del ingreso a cuenta se obtiene aplicando las siguientes reglas:

> Valor de las retribuciones en especie del trabajo × Porcentaje resultante = Ingreso a cuenta del IRPF

- ➲ **Valor de las retribuciones en especie del trabajo:** la valoración de estas retribuciones se realiza mediante las normas que se citan:

  - ◑ Con carácter general, por su valor normal de mercado. No obstante, se han de tener en cuenta las especialidades contenidas en el apartado 1.º del artículo 43.1 de la LIRPF.
  - ◑ La valoración realizada por la Administración Tributaria (DA 2ª RIRPF).

- ➲ **Porcentaje resultante:** el tanto por ciento que aplicar sobre el valor de las retribuciones es el que se determina según las normas del artículo 80 del RIRPF, que distingue entre 35 %, 15 %, el obtenido según el procedimiento general para calcular el tipo de retención o el resultante del procedimiento especial para prestaciones pasivas.

NOTA

Por las contribuciones realizadas por los promotores de planes de pensiones, de planes de previsión social empresarial y de mutualidades de previsión social que disminuyan la base imponible del impuesto sobre la renta de las personas físicas, no hay obligación de realizar ingresos a cuenta.

---

5. Regularización del tipo de retención

 HILO CONDUCTOR

El formador explica que el tipo de retención no es un concepto estático, sino que varía en función de los cambios en la situación familiar y económica de la persona trabajadora. Para que el alumnado entienda un poco mejor este proceso de regularización, el formador expone un supuesto práctico.

Las **variaciones de los datos** por los cuales se determina el tipo de retención hacen necesaria la regularización de las retenciones. Con este proceso se obtiene un nuevo tipo que ha de aplicarse hasta que finalice el ejercicio o se requiera una nueva regularización.

El tipo de retención se debe regularizar cuando se produzcan algunas de las siguientes **circunstancias,** a lo largo del año natural de aplicación:

- ⮩ Cuando, al finalizar el contrato o la relación laboral, la persona trabajadora sigue prestando sus servicios en la misma empresa o lo hiciese a lo largo del año.
- ⮩ Cuando, tras la suspensión del desempleo, la persona trabajadora retome de nuevo el derecho o pase a cobrar el subsidio.
- ⮩ En caso de existir modificaciones en los importes de las retribuciones o de los gastos deducibles, utilizados en el cálculo del tipo de retención que se está aplicando.
- ⮩ Si la persona pensionista comienza a recibir nuevas pensiones, que se suman a las que ya estaba obteniendo o aumenta el importe de estas.

- En el supuesto de la movilidad geográfica por traslado de la residencia habitual a otro municipio, resultando aplicable el aumento del importe de los gastos computables (art. 19.2 f LIRPF).
- Cuando aumenta el número de hijos o se produce una modificación de su situación, surge una discapacidad o aumenta la ya existente en la persona trabajadora o en sus hijos, que conlleve un aumento en el mínimo personal y familiar implicado en el cálculo del tipo de retención.
- Si la persona trabajadora estuviera obligada por resolución judicial a satisfacer una pensión compensatoria a su cónyuge o anualidades por alimentos a sus hijos de importes inferiores a la base de cálculo del tipo de retención, sin que se pueda aplicar el mínimo por descendientes.
- Cuando el cónyuge de la persona trabajadora obtenga rentas superiores a 1.500 € anuales, excluidas las exentas.
- En los supuestos de cambio de residencia habitual de Ceuta, Melilla, Navarra o el País Vasco al resto de territorios españoles; o del resto a Ceuta o Melilla; o cuando se adquiera la condición de contribuyente por cambio de residencia.
- Si varía el número o las situaciones de los ascendientes que impliquen cambios en el mínimo personal y familiar utilizado en el cálculo del tipo de retención.
- Cuando se reduce el tipo de retención por la utilización de financiación ajena en la rehabilitación o adquisición de la vivienda habitual, cuyos importes den derecho a la deducción por inversión en vivienda habitual del IRPF; o se conoce posteriormente que no procede tal reducción.

El **procedimiento** para regularizar el tipo de retención cuenta con **tres pasos:**

1. Calcular una nueva cuota de retención según las nuevas circunstancias.

2. Disminuir la cuota de retención resultante, en el importe de las retenciones e ingresos a cuenta practicados hasta el momento.

3. Calcular el nuevo tipo de retención multiplicando por 100 el cociente obtenido de dividir el resultado del paso anterior entre la cuantía total de las retribuciones que resten hasta el final de año.

La regularización, a instancias de la empresa, se debe practicar el día 1 de abril, julio y octubre, en relación con las variaciones de datos que se produzcan en los trimestres anteriores a esas fechas. A pesar de ello, la persona trabajadora puede solicitar a la empresa en cualquier momento la aplicación de los tipos de retención superiores.

IMPORTANTE

El nuevo tipo de retención resultante de un proceso de regularización no puede ser superior al 47 %, o al 19 % cuando el total de los rendimientos del trabajo se hubieran obtenido en Ceuta o Melilla.

- -

ACTIVIDAD COMPLEMENTARIA

6. Cita cuáles son los supuestos en los que no se puede aumentar el nuevo tipo de retención resultante de una regularización. Consulta la normativa reguladora de las retenciones, te ayudará.

- -

6. Tipos especiales de retención

☞ HILO CONDUCTOR

Fernando le pregunta al formador si existen tipos de retención que ya vengan definidos en la norma legal. Como le resulta una duda muy interesante, decide ampliar el módulo e incluir contenido sobre los tipos de retención fijos y los tipos mínimos. A Fernando le queda bastante clara su consulta y felicita al formador por la decisión tomada.

- -

Aunque la Agencia Tributaria pone a disposición de la persona trabajadora un servicio telemático para el cálculo del tipo de retención, la ley y el reglamento del IRPF recogen unos **tipos fijos y unos tipos mínimos de retención,** según determinadas circunstancias. Estos son:

⊃ **Tipos fijos:**

- ◊ **35 %:** si se trata de administradores y miembros del consejo de administración, de juntas con similares funciones y del resto de miembros de otros órganos representativos, en empresas cuyo importe neto de la cifra de negocio del período impositivo finalizado es superior a 100.000 €.
- ◊ **19 %:** cuando las personas trabajadoras tienen algunas de las condiciones del apartado anterior y el importe neto de la cifra de negocio del período impositivo finalizado es inferior a 100.000 €.
- ◊ **15 %:** cuando se correspondan con atrasos que imputar en períodos anteriores; y los rendimientos derivados de impartir cursos, conferencias, coloquios, seminarios y similares, o de la elaboración de obras literarias, artísticas o científicas, siempre que exista cesión del derecho a su explotación.
- ◊ **7 %:** por los rendimientos derivados de la elaboración de obras literarias, artísticas o científicas cuando exista cesión del derecho de explotación y el importe de los rendimientos íntegros del ejercicio anterior sea inferior a 15.000 € y representen más del 75 % de la suma de los rendimientos del trabajo y de los derivados de actividades económicas.
- ◊ **0 %:** se aplica este porcentaje cuando la diferencia entre la base de cálculo del tipo de retención y el mínimo personal y familiar es cero o negativa.

⊃ **Tipos mínimos:**

- ◊ **15 %:** si se trata de rendimientos del trabajo derivados de relaciones laborales especiales de carácter dependiente.
- ◊ **6 %:** cuando los rendimientos del trabajo se derivan de relaciones laborales especiales de carácter dependiente, son obtenidos en Ceuta o Melilla y la persona trabajadora puede aplicarse en el IRPF la deducción por rentas obtenidas en estos territorios.
- ◊ **2 %:** se aplica a las personas trabajadoras que tienen un contrato de duración inferior al año o se deriven de una relación laboral especial de las personas artistas, y técnicos o auxiliares de dicha actividad.
- ◊ **0,8 %:** si la persona trabajadora que tiene un contrato de duración inferior al año obtiene sus rendimientos del trabajo en Ceuta o Melilla y se aplica en el IRPF la deducción por rentas obtenidas en esos territorios.

NOTA

Los tipos de retención mínimos del 6 y 15 % no se aplican a los rendimientos obtenidos por los penados en las instituciones penitenciarias ni a los derivados de relaciones laborales especiales que afecten a personas con discapacidad.

APLICACIÓN PRÁCTICA

Mateo pertenece al Consejo de Administración de su empresa. Si el importe neto de la cifra de negocio del período impositivo asciende a 79.500 €, ¿qué tipo de retención le aplicarán en su nómina?

Solución

El tipo de retención que le corresponde es el 19 %, ya que Mateo cumple con el requisito de ser miembro del Consejo de Administración de su empresa y, además, el importe neto de la cifra de negocio del período impositivo que está finalizando es inferior a 100.000 €.

Le correspondería el tipo del 35 % si el importe neto de la cifra de negocio fuera superior a 100.000 €; o el tipo del 15 % si son rendimientos del trabajo por relaciones laborales especiales de carácter dependiente, atrasos, impartición de cursos, conferencias, etc., o elaboración de obras, con cesión del derecho de explotación. El 47 % es el límite superior del tipo de retención resultante de una regularización.

---

7. Exclusión de la obligación de retener

 HILO CONDUCTOR

Para ir finalizando el módulo, el formador explica las exenciones en la aplicación de las retenciones. Como es un tema meramente teórico, y para hacerlo un poco

Continúa en página siguiente >>

<< Viene de página anterior

más ameno, elige a tres alumnos de la clase para que sean ellos quienes se documenten y expliquen al resto del alumnado los casos de exención que existen.

Las retenciones se practican sobre los rendimientos íntegros del trabajo, entendiendo por tales todas las retribuciones, tanto en dinero como en especie, siempre que retribuyan el trabajo personal o sean consecuencia de una relación laboral. No obstante, se debe tener en cuenta que están **exentos de retención por IRPF** los siguientes conceptos:

> Gastos de locomoción justificados y que no excedan de los límites establecidos en la norma.

> Dietas y asignación para gastos de viajes que no superen los límites establecidos en la normativa.

> Indemnizaciones por despido, cese en el puesto de trabajo, traslado, extinción del contrato y fallecimiento.

NOTA

Los límites de exención de retención por IRPF están regulados en el artículo 1 y 9 del Real Decreto 439/2007, de 30 de marzo, y en el artículo 7 e) de la Ley 35/2006, de 28 de noviembre.

Además, la empresa no está obligada a retener por IRPF a las personas trabajadoras que obtengan **retribuciones íntegras anuales inferiores a los importes** de la siguiente tabla:

Situación del contribuyente	Número de hijos y otros descendientes (art. 81 RIRPF)		
	0 - Euros	1 - Euros	2 o más - Euros
1.ª Contribuyente soltero, viudo, divorciado o separado legalmente.	--	17.644	18.694
2.ª Contribuyente cuyo cónyuge no obtenga rentas superiores a 1.500 euros anuales, excluidas las exentas.	17.197	18.130	19.262
3.ª Otras situaciones.	15.876	16.342	16.867

Estos importes no se tienen en cuenta cuando se deban practicar los tipos fijos de retención y los tipos mínimos de retención.

NOTA

El artículo 81 del reglamento aclara las distintas situaciones en las que se puede encontrar el contribuyente. Dice, por tanto:

En cuanto a la situación del contribuyente, esta podrá ser una de las tres siguientes:

1. *Contribuyente soltero, viudo, divorciado o separado legalmente. Se trata del contribuyente soltero, viudo, divorciado o separado legalmente con descendientes, cuando tenga derecho a la reducción establecida en el artículo 84.2.4.º de la ley de impuesto para unidades familiares monoparentales.*
2. *Contribuyente cuyo cónyuge no obtenga rentas superiores a 1.500 euros, excluidas las exentas. Se trata del contribuyente casado, y no separado legalmente, cuyo cónyuge no obtenga rentas anuales superiores a 1.500 euros, excluidas las exentas.*
3. *Otras situaciones, que incluyen las siguientes:*

   a. *El contribuyente casado, y no separado legalmente, cuyo cónyuge obtenga rentas superiores a 1.500 euros, excluidas las exentas.*
   b. *El contribuyente soltero, viudo, divorciado o separado legalmente, sin descendientes o con descendientes a su cargo, cuando, en este último caso, no tenga derecho a la reducción establecida en el artículo 84.2.4.º*

Continúa en página siguiente >>

<< Viene de página anterior

de la ley del impuesto por darse la circunstancia de convivencia a que se refiere el párrafo segundo de dicho apartado.

c. *Los contribuyentes que no manifiesten estar en ninguna de las situaciones 1.ª y 2.ª anteriores.*

 TAREA 10

Laura trabaja en la empresa Bodegas Centro y percibe rentas por importe de 15.155 €/anuales. Está divorciada y vive con su hijo mayor de edad, que no trabaja. En su nómina le retienen un 5,5 %, pero ella no está de acuerdo con la retención.

¿Le está aplicando la empresa el porcentaje de retención correcto? Razona tu respuesta.

---

8. Certificado de retenciones e ingresos a cuenta del impuesto sobre la renta de las personas físicas

👉 HILO CONDUCTOR

El formador finaliza el módulo dedicado a las retenciones con otro de los modelos que forman parte de su gestión; concretamente, el certificado acreditativo de las retenciones e ingresos a cuenta del IRPF que la empresa debe suministrar a su plantilla.

Como al formador le ha sobrado tiempo en esta clase, decide ponerles a sus alumnos una prueba de evaluación para comprobar el grado de conocimientos que han adquirido sobre ello.

La empresa debe expedir a favor de la persona trabajadora una **certificación acreditativa de las retenciones practicadas,** o de los ingresos a cuenta efectuados, así como de los restantes datos que deben incluirse en el resumen anual de retenciones. La citada certificación debe ponerse a disposición de la persona trabajadora con anterioridad a la apertura del plazo de declaración de este impuesto.

PARA SABER MÁS

En la página web de la Agencia Tributaria, en el módulo dedicado a IRPF, está disponible toda la información relacionada con el calendario de la campaña de renta que corresponda al período impositivo que declarar. Puedes visualizar el módulo accediendo aquí:

https://redirectoronline.com/adgd188po0502

Asimismo, la empresa comunica a sus trabajadores la retención o ingreso a cuenta practicados en el momento en que satisfagan las rentas, indicando el porcentaje aplicado.

El **modelo oficial** del certificado de retenciones e ingresos a cuenta es:

Certificado de retenciones e ingresos a cuenta del Impuesto sobre la Renta de las Personas Físicas

• **Datos del perceptor**

NIF | Apellidos y nombre

• **Datos de la persona o entidad pagadora**

NIF | Apellidos y nombre, denominación o razón social

Rendimientos del trabajo, dietas exceptuadas de gravamen y rentas exentas | **Datos correspondientes al ejercicio** [ ]

• **Rendimientos del trabajo: detalle de las percepciones y de las retenciones e ingresos a cuenta**

Rendimientos correspondientes al ejercicio.

Retribuciones NO derivadas de incapacidad laboral:
Dinerarias .... | Importe íntegro satisfecho | Retenciones practicadas
En especie .... | Valoración | Ingresos a cuenta efectuados | Ingresos a cuenta repercutidos

Retribuciones derivadas de incapacidad laboral:
Dinerarias .... | Importe íntegro satisfecho | Retenciones practicadas
En especie .... | Valoración | Ingresos a cuenta efectuados | Ingresos a cuenta repercutidos

Contribuciones empresariales a planes de pensiones, planes de previsión social empresarial y mutualidades de previsión social, así como aportaciones a estos sistemas de previsión social que deriven de una decisión del trabajador, que reduzcan la base imponible del IRPF (excepto a seguros colectivos de dependencia) .. | Importe imputado al perceptor

Contribuciones empresariales a seguros colectivos de dependencia .... | Importe imputado al perceptor

Reducciones a que se refieren el artículo 18, apartados 2 y 3, y/o las disposiciones transitorias 11.ª y 12.ª de la Ley del Impuesto .... | Importe de las reducciones

Gastos fiscalmente deducibles a que se refiere el artículo 19.2 [letras a), b) y c)] de la Ley del Impuesto .... | Importe de los gastos
(Cotizaciones a la Seguridad Social o a mutualidades generales obligatorias de funcionarios, detracciones por derechos pasivos y cotizaciones a Colegios de Huérfanos o entidades similares)

Rendimientos satisfechos en el ejercicio correspondientes a ejercicios anteriores (atrasos).

Se hace constar asimismo que, con independencia de las retribuciones anteriormente detalladas, en el ejercicio a que este certificado se refiere le han sido satisfechas al perceptor que figura en el encabezamiento otras cantidades en concepto de atrasos correspondientes a ejercicios anteriores cuyos datos, a efectos de lo dispuesto en el artículo 14.2.b) de la Ley del Impuesto, se desglosan como sigue:

Ejercicio de devengo	Importe íntegro satisfecho	Retenciones practicadas	Reducciones (art.º 18, 2 y 3, y/o DT 11.ª y 12.ª de la Ley del Impuesto)	Gastos deducibles (art.º 19.2 [letras a), b) y c)] de la Ley del Impuesto)

Información de interés para el perceptor.- La percepción de cantidades en concepto de atrasos de rendimientos del trabajo dará lugar a la presentación de una declaración complementaria del IRPF por cada uno de los ejercicios a los que dichas cantidades se refieran, sin que estas declaraciones complementarias comporten la exigencia de intereses de demora ni recargo alguno.

Cantidades reintegradas por el perceptor en el ejercicio por haber sido indebida o excesivamente percibidas en ejercicios anteriores (reintegros).

Se hace constar también que, con independencia de los rendimientos anteriormente detallados, el perceptor que figura en el encabezamiento ha reintegrado en el ejercicio a que este certificado se refiere las cantidades que a continuación se detallan, que fueron indebida o excesivamente percibidas en cada uno de los ejercicios que se indican. Asimismo, se hace constar el importe de las reducciones que, en su caso, correspondieron a dichas cantidades a efectos de determinar el tipo de retención en los respectivos ejercicios.

Ejercicio de percepción	Import íntegro reintegrado	Reducciones que correspondieron

Información de interés para el perceptor.- El reintegro de cantidades incluidas en declaraciones del IRPF ya presentadas por el contribuyente, dará derecho a éste a solicitar de la Administración tributaria la rectificación de dichas declaraciones y, en su caso, la devolución de los ingresos indebidamente realizados en el Tesoro por esta causa, con arreglo a lo dispuesto en los artículos 120.3 y 221.4 de la Ley 58/2003, de 17 de diciembre, General Tributaria.

Dietas exceptuadas de gravamen y rentas exentas del Impuesto.

Dietas y asignaciones para gastos de viaje, en las cuantías exceptuadas de gravamen del IRPF .... | Importe satisfecho

Rentas exentas del IRPF incluidas por la empresa o entidad pagadora en el resumen anual de retenciones e ingresos a cuenta (mod. 190) ....

Ganancias patrimoniales de los vecinos derivadas de los aprovechamientos forestales en montes públicos | **Datos correspondientes al ejercicio** [ ]

• **Detalle de las percepciones y de las retenciones e ingresos a cuenta**

Contraprestaciones dinerarias .... | Importe íntegro satisfecho | Retenciones practicadas

Contraprestaciones en especie .... | Valoración | Ingresos a cuenta efectuados | Ingresos a cuenta repercutidos

Modelo oficial del certificado de retenciones e ingresos a cuenta

Certificado de retenciones e ingresos a cuenta del Impuesto sobre la Renta de las Personas Físicas

• Datos del perceptor

NIF

Apellidos y nombre

• Datos de la persona o entidad pagadora

NIF

Apellidos y nombre, denominación o razón social

Rendimientos de actividades económicas	**Datos correspondientes al ejercicio**

• Detalle de las percepciones y de las retenciones e ingresos a cuenta

Rendimientos de actividades profesionales

Importe íntegro satisfecho   Retenciones practicadas

Contraprestaciones dinerarias ....

Valoración   Ingresos a cuenta efectuados   Ingresos a cuenta repercutidos

Contraprestaciones en especie ....

Rendimientos de actividades agrícolas o ganaderas

Importe íntegro satisfecho   Retenciones practicadas

Contraprestaciones dinerarias ....

Valoración   Ingresos a cuenta efectuados   Ingresos a cuenta repercutidos

Contraprestaciones en especie ....

Rendimientos de actividades forestales

Importe íntegro satisfecho   Retenciones practicadas

Contraprestaciones dinerarias ....

Valoración   Ingresos a cuenta efectuados   Ingresos a cuenta repercutidos

Contraprestaciones en especie ....

Rendimientos de las actividades empresariales en estimación objetiva previstas en el art.° 95.6 del Reglamento del IRPF

Importe íntegro satisfecho   Retenciones practicadas

Contraprestaciones dinerarias ....

Valoración   Ingresos a cuenta efectuados   Ingresos a cuenta repercutidos

Contraprestaciones en especie ....

Rendimientos a que se refiere el articulo 75.2.b) del Reglamento del IRPF, que deban calificarse como rendimientos de actividades económicas

Importe íntegro satisfecho   Retenciones practicadas

Contraprestaciones dinerarias ....

Valoración   Ingresos a cuenta efectuados   Ingresos a cuenta repercutidos

Contraprestaciones en especie ....

Premios por la participación en juegos, concursos, rifas o combinaciones aleatorias	**Datos correspondientes al ejercicio**

• Detalle de las percepciones y de las retenciones e ingresos a cuenta

Premios por la participación en juegos, rifas o combinaciones aleatorias sin fines publicitarios (enmarcables en la definición del concepto de "juego" que se contiene en el articulo 3.a) de la Ley 13/2011, de 27 de mayo, de Regulación del juego).

Importe íntegro satisfecho   Retenciones practicadas

Contraprestaciones dinerarias (*) ....

Valoración   Ingresos a cuenta efectuados   Ingresos a cuenta repercutidos

Contraprestaciones en especie (*) ....

(*) Estos premios se consignarán por su importe íntegro, sin perjuicio del derecho del perceptor a minorar su importe en las pérdidas en el juego obtenidas en el mismo período impositivo, en los términos establecidos en el artículo 33.5.d) de la Ley 35/2006 de 28 de noviembre, del IRPF.

Premios por la participación en concursos o combinaciones aleatorias con fines publicitarios (no enmarcables en la definición del concepto de "juego" que se contiene en el articulo 3.a) de la Ley 13/2011, de 27 de mayo, de Regulación del juego).

Importe íntegro satisfecho   Retenciones practicadas

Percepciones dinerarias ....

Valoración   Ingresos a cuenta efectuados   Ingresos a cuenta repercutidos

Percepciones en especie ....

Imputación de rentas por la cesión de derechos de imagen: contraprestaciones a que se refiere el articulo 92.8 de la Ley del IRPF	**Datos correspondientes al ejercicio**

• Contraprestaciones satisfechas e ingresos a cuenta efectuados

Importe íntegro satisfecho

Contraprestaciones dinerarias ....

Valoración

Contraprestaciones en especie ....

Importe

Ingresos a cuenta efectuados ....

• Fecha y firma

Para que conste y sirva de justificante al interesado, en cumplimiento de lo dispuesto en el Reglamento del Impuesto sobre la Renta de las Personas Físicas, se expide la presente

En   a   de   de

Firma y sello de la empresa o entidad pagadora

Fdo.: D. / D.ª

La presente certificación deberá ser firmada por el retenedor, su apoderado o su representante

Modelo oficial del certificado de retenciones e ingresos a cuenta

9. Resumen

La empresa tiene la **obligación de retener determinados importes** a sus trabajadores en concepto de los rendimientos íntegros del trabajo que les paga. Esta práctica está regulada por la **Ley 35/2006, de 28 de noviembre,** y por su reglamento de desarrollo (**Real Decreto 439/2007, de 30 de marzo)**. Entre los conceptos que se consideran como rendimientos del trabajo están:

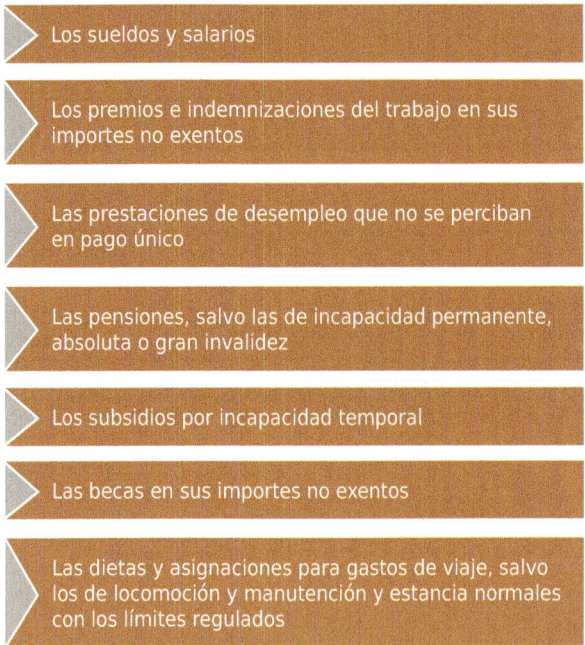

Los sueldos y salarios

Los premios e indemnizaciones del trabajo en sus importes no exentos

Las prestaciones de desempleo que no se perciban en pago único

Las pensiones, salvo las de incapacidad permanente, absoluta o gran invalidez

Los subsidios por incapacidad temporal

Las becas en sus importes no exentos

Las dietas y asignaciones para gastos de viaje, salvo los de locomoción y manutención y estancia normales con los límites regulados

Asimismo, estas normas delimitan quiénes están obligados a retener y regulan la obligación de las personas trabajadoras de cumplimentar el **modelo 145,** a través del cual la empresa recopila toda la información necesaria para practicar las retenciones conforme a una serie de datos (situación familiar, discapacidad, vivienda, etc.). El modelo está disponible en la página web de la Agencia Tributaria y cuenta con distintos apartados muy bien diferenciados.

La **cuantía de la retención es el resultado de aplicar al rendimiento íntegro el porcentaje** obtenido a través del procedimiento regulado en las normas legales y teniendo en cuenta la situación personal y familiar, el tipo de contrato y los ingresos percibidos por la persona trabajadora.

En el **procedimiento de cálculo** se han de seguir los siguientes **cinco pasos:**

- Determinar la base de cálculo.

- Calcular el importe del mínimo personal y familiar.

- Determinar la cuota de retención.

- Calcular el tipo de retención.

- Determinar el importe de la retención por practicar.

Como consecuencia de la variación de ciertos datos o la consecución de determinadas circunstancias de la persona trabajadora, la empresa se ve obligada a **regularizar el tipo de retención aplicado.** Entre estas circunstancias están la finalización del contrato o la relación laboral, modificación de las retribuciones o gastos deducibles, la obtención de rentas superiores a 1.500 € por parte del cónyuge, etc. Su proceso consta de tres pasos.

En el supuesto de las **retribuciones en especie del trabajo,** la empresa está obligada a realizar ingresos a cuenta del IRPF. Su importe se obtiene aplicando a la valoración de dichas retribuciones el porcentaje que corresponda en cada caso.

Aunque la determinación del tipo de retención se puede realizar de forma automática por el **servicio de cálculo telemático** de la Agencia Tributaria, las normas legales recogen unos **tipos fijos o tipos mínimos de retención:**

⊃ **Tipos fijos:**

  ◑ **19 % o 35 %:** administradores y miembros del consejo de administración de empresas cuyo importe neto de la cifra de negocio es inferior o superior a 100.000 €, respectivamente.
  ◑ **15 %:** atrasos; rentas por impartir cursos, conferencias o similares, y creación de obras, con cesión de derechos de explotación.
  ◑ **7 %:** rentas por la creación de obras (con cesión también), si el importe de los rendimientos íntegros del año anterior son inferiores a

15.000 € y representan más del 75 % de los rendimientos del trabajo más los de actividades económicas.

◉ **0 %:** si la diferencia entre la base de cálculo del tipo de retención y el mínimo personal y familiar es cero o negativa.

⮕ **Tipos mínimos:**

◉ **15 %:** rendimientos del trabajo de relaciones laborales especiales de carácter dependiente.

◉ **6 %:** los mismos rendimientos anteriores, cuando son obtenidos en Ceuta o Melilla y se aplica en el IRPF la deducción por rentas en estos territorios.

◉ **2 %:** contratos de duración inferiores al año o los de la relación laboral especial de las personas artistas, y técnicos o auxiliares.

◉ **0,8 %:** contrato de duración inferior al año, celebrado en Ceuta o Melilla y con derecho a la deducción por rentas en estos territorios, en el IRPF.

Existen determinados conceptos por los que no hay que practicar retención. Están **exentos de retención por IRPF,** en la nómina, determinados gastos de locomoción, dietas y asignación para gastos de viaje; algunas indemnizaciones por despido, cese, traslado, extinción o muerte; o si la persona trabajadora obtiene rentas íntegras anuales inferiores a las indicadas en la norma legal.

Otra de las obligaciones de la empresa es la expedición y entrega a sus trabajadores del **certificado de retenciones e ingresos a cuenta del IRPF,** cuyo modelo oficial está disponible en la página web de la Agencia Tributaria.

Ejercicios de autoevaluación
Unidad de Aprendizaje 5

1. **¿Qué normativas regulan la gestión de las retenciones en España? Señala todas las respuestas correctas.**

    a. Real Decreto Ley 5/2000, de 4 de agosto.
    b. Ley 35/2006, de 28 de noviembre.
    c. Real Decreto Legislativo 8/2015, de 30 de octubre.
    d. Real Decreto 439/2007, de 30 de marzo.

2. **Indica si la siguiente afirmación es verdadera o falsa: "Están obligadas a practicar retenciones las personas jurídicas, salvo las comunidades de bienes y las entidades en régimen de atribución de rentas".**

    ■ Verdadero
    ■ Falso

3. **¿Qué modelo debe cumplimentar la persona trabajadora para informar a la empresa de su situación personal, familiar y laboral, que tenga implicación en el cálculo de las retenciones?**

    a. Modelo certificado de retenciones e ingresos a cuenta.
    b. Modelo 145.
    c. Modelo 111.
    d. Modelo 190.

4. **En el procedimiento de cálculo de las retenciones, ¿qué se calcula en el paso tercero?**

    a. El mínimo personal y familiar según el art. 84 del reglamento.
    b. La cuota de retención sobre la que se aplicará el tipo resultante.
    c. La base de cálculo del tipo de retención.
    d. El importe de la retención conforme a lo regulado en el art. 87 del reglamento.

5. Indica si la siguiente afirmación es verdadera o falsa: "Si la persona trabajadora tiene retribuciones totales inferiores a 33.007,20 €, ha utilizado financiación ajena para comprar su vivienda habitual y tiene derecho a la deducción por inversión en vivienda habitual en el IRPF, su tipo de retención de la nómina se puede reducir en dos puntos".

■ Verdadero
■ Falso

6. Indica si la siguiente afirmación es verdadera o falsa: "Una de las circunstancias para regularizar la retención por IRPF de un trabajador es que aumente el importe de los gastos computables por traslado de la residencia habitual a otro municipio (movilidad geográfica)".

■ Verdadero
■ Falso

7. ¿Qué porcentaje no se puede superar cuando se ha realizado un proceso de regularización del tipo de retención?

a. 35 %.
b. 24 %.
c. 47 %.
d. 15 %.

8. ¿A qué rendimientos se les puede aplicar el tipo fijo del 15 % de retención? Señala todas las respuestas correctas.

a. A los atrasos.
b. A los rendimientos del trabajo derivados de un contrato de duración inferior al año.
c. A los rendimientos derivados de la elaboración de obras literarias, artísticas o científicas, con cesión de los derechos de explotación.
d. A los rendimientos derivados de impartir cursos, conferencias, coloquios, seminarios y similares.

9. **¿Qué conceptos están exentos de retención? Señala todas las respuestas correctas.**

    a. La asignación para gastos de viaje en su totalidad.
    b. La indemnización por fallecimiento.
    c. Las dietas que no superen los límites establecidos en la norma legal.
    d. Los gastos de locomoción que no superen los límites establecidos en la normativa, incluidos los injustificados.

10. **Indica si la siguiente afirmación es verdadera o falsa: "La empresa debe suministrar a sus trabajadores el certificado de retenciones e ingresos a cuenta del IRPF durante el mes de enero del ejercicio que comienza".**

    ■ Verdadero
    ■ Falso

Conocimiento y cumplimentación de los modelos de liquidación

Contenido

Objetivos

El objetivo general de esta Unidad de Aprendizaje es:

→ Comprender la gestión de los distintos modelos de liquidación relacionados con las retenciones e ingresos a cuenta.

Los objetivos específicos de esta Unidad de Aprendizaje son:

→ Identificar los plazos de presentación del modelo 111.

→ Diferenciar las características del modelo 111 y del modelo 190.

1. Introducción

Los rendimientos del trabajo que las personas trabajadoras perciben de la empresa, derivados de la prestación de servicios, están sujetos a una obligación fiscal, las retenciones e ingresos a cuenta. La Ley 35/2006, que desarrolla el impuesto sobre la renta de las personas físicas, regula las normas por las que se rige esta obligación.

La empresa, por su parte, está obligada a practicar dicha retención e ingreso a cuenta en la nómina del trabajador, a presentar y liquidar los modelos tributarios derivados de dicha obligación y a suministrar a la persona trabajadora información sobre este concepto.

Para conocer los modelos de liquidación que la empresa ha de confeccionar y presentar ante la Agencia Tributaria, nos basaremos en el contenido de las últimas clases que el formador imparte a Andrea y Fernando, y que versan sobre los modelos 111 y 190.

2. Modelo 111. Retenciones e ingresos a cuenta. Rendimientos del trabajo y de actividades económicas, premios y determinadas ganancias patrimoniales e imputaciones de Renta. Autoliquidación

☞ **HILO CONDUCTOR**

El formador del curso que ya están finalizando Fernando y Andrea ha incluido como complemento al contenido los distintos modelos de liquidación de las retenciones e ingresos a cuenta, ya que considera que es una gestión importante que las empresas deben conocer y realizar correctamente. Ha comenzado por el modelo 111.

- -

Las empresas y los profesionales están obligados a retener e ingresar en la Agencia Tributaria determinadas cantidades, cuya cuantía debe ser proporcional a las retribuciones que satisfagan. Para **la gestión de las retenciones e ingresos a cuenta,** se utilizan los siguientes modelos:

Modelo 111. Retenciones e ingresos a cuenta. Rendimientos del trabajo y de actividades económicas, premios y determinadas ganancias patrimoniales e imputaciones de renta. Autoliquidación.

Modelo 190. Declaración informativa. Retenciones e ingresos a cuenta. Rendimientos del trabajo y de actividades económicas, premios y determinadas ganancias patrimoniales e imputaciones de rentas. Resumen anual.

Modelo 145. Retenciones sobre rendimientos del trabajo. Comunicación de datos al pagador.

Certificado de retenciones e ingresos a cuenta del impuesto sobre la renta de las personas físicas.

NOTA

Aunque los modelos citados son los que intervienen en la gestión de las retenciones e ingresos a cuenta por parte de la empresa, solo el modelo 111 y el modelo 190 son los que realmente se liquidan con la Agencia Tributaria.

Están **obligados a declarar y presentar el modelo 111** los siguientes sujetos:

Las entidades que hayan satisfecho durante el trimestre o mes natural objeto de la declaración rentas (dinerarias o en especie) sujetas a retención o a ingreso a cuenta del IRPF, que no constituyan rendimientos del capital mobiliario.

Las entidades que, a pesar de haber satisfecho en el trimestre rentas sujetas a retención o a ingreso a cuenta, apliquen un tipo de retención o de ingreso a cuenta igual a cero, no debiendo ingresar cantidad alguna por este concepto.

Las empresas que apliquen el porcentaje de retención 0 % resultante de la aplicación de las reglas de cálculo establecidas en la normativa vigente deberán presentar el modelo 111 como declaración negativa.

PARA SABER MÁS

El modelo 111 de autoliquidación de retenciones e ingresos a cuenta está regulado por dos órdenes ministeriales. Puedes visualizarlas accediendo aquí:

Orden EHA/586/2011, de 9 de marzo

https://redirectoronline.com/adgd188po0601

Orden HAP/2194/2013, de 22 de noviembre

https://redirectoronline.com/adgd188po0602

Según el tipo de empresa existen **dos modalidades de declaración** ante la Agencia Tributaria, distinguiéndose entre:

Mensual
- Han de declarar en esta modalidad, entre otras entidades, las empresas obligadas a retener o a ingresar a cuenta cuyo volumen de operaciones haya superado en el año natural inmediato anterior la cifra de 6.010.121,04 €, es decir, las consideradas grandes empresas.
- El plazo de presentación es en los veinte primeros días naturales del mes siguiente al período de autoliquidación correspondiente.

Continúa en página siguiente >>

<< Viene de página anterior

Trimestral

- Es la modalidad utilizada por las pequeñas o medianas empresas, los autónomos y los profesionales, obligados a tributar por estos conceptos.
- Su plazo de presentación es en los primeros veinte días naturales de los meses de abril, julio, octubre y enero, en relación con las cantidades retenidas y los ingresos a cuenta que correspondan por el trimestre natural inmediato anterior.

 SABÍAS QUE...

El Reglamento (UE) n.º 651/2014 de la Comisión, de 17 de junio de 2014, establece en el artículo 2 de su anexo I las características de las distintas categorías de empresas, indicando lo siguiente:

1. *La categoría de microempresas, pequeñas y medianas empresas (PYME) está constituida por las empresas que ocupan a menos de 250 personas y cuyo volumen de negocios anual no excede de 50 millones EUR o cuyo balance general anual no excede de 43 millones EUR.*
2. *En la categoría de las PYME, se define pequeña empresa como una empresa que ocupa a menos de 50 personas y cuyo volumen de negocios anual o cuyo balance general anual no supera los 10 millones EUR.*
3. *En la categoría de las PYME, se define microempresa como una empresa que ocupa a menos de 10 personas y cuyo volumen de negocios anual o cuyo balance general anual no supera los 2 millones EUR.*

La declaración-autoliquidación **es única para cada retenedor u obligado a ingresar a cuenta.** Comprende la totalidad de las retenciones e ingresos a cuenta del IRPF correspondiente a las rentas satisfechas en el período natural objeto de declaración.

Las **formas de presentación** del modelo 111 van en función del tipo de obligado tributario que las realiza y son:

Telemática

- Están obligados a presentar el modelo por vía electrónica los obligados tributarios que tengan el carácter de Administración pública, los inscritos en el registro de grandes empresas (volumen de operaciones superior a 6.010.121,04 €) y los que tengan la forma de sociedad anónima o de responsabilidad limitada.
- El modelo se cumplimenta en la página web de la Agencia Tributaria.

Papel impreso

- Pueden presentar el modelo mediante esta modalidad el resto de obligados tributarios.
- La declaración solo puede ser generada utilizando el servicio de impresión desarrollado por la Agencia Tributaria en su página web.

 PARA SABER MÁS

La Agencia Tributaria tiene disponible en su página web una sección de Ayuda en la que se desarrolla, entre otros contenidos, cómo se presenta el modelo 111 en sus dos modalidades. Puedes conocer las formas de presentación accediendo aquí:

Predeclaración del modelo 111 para su presentación en papel

https://redirectoronline.com/adgd188po0603

Continúa en página siguiente >>

<< Viene de página anterior

Presentación electrónica del modelo 111

https://redirectoronline.com/adgd188po0604

- -

 ACTIVIDAD COMPLEMENTARIA

7. Rocío debe presentar su modelo 111 y le surgen varias preguntas sobre ello:

- Si el plazo de vencimiento es en sábado, ¿cuándo debe presentarlo?
- Si considera la posibilidad de domiciliar el pago, ¿qué plazos tiene?

Realiza una búsqueda de información para resolver estas cuestiones de una forma razonada.

- -

Como se ha indicado anteriormente, el modelo 111 se puede presentar por vía telemática o de forma presencial a través del papel impreso. En la siguiente imagen se muestra **la página web de la Agencia Tributaria** donde se puede elegir la opción que corresponda.

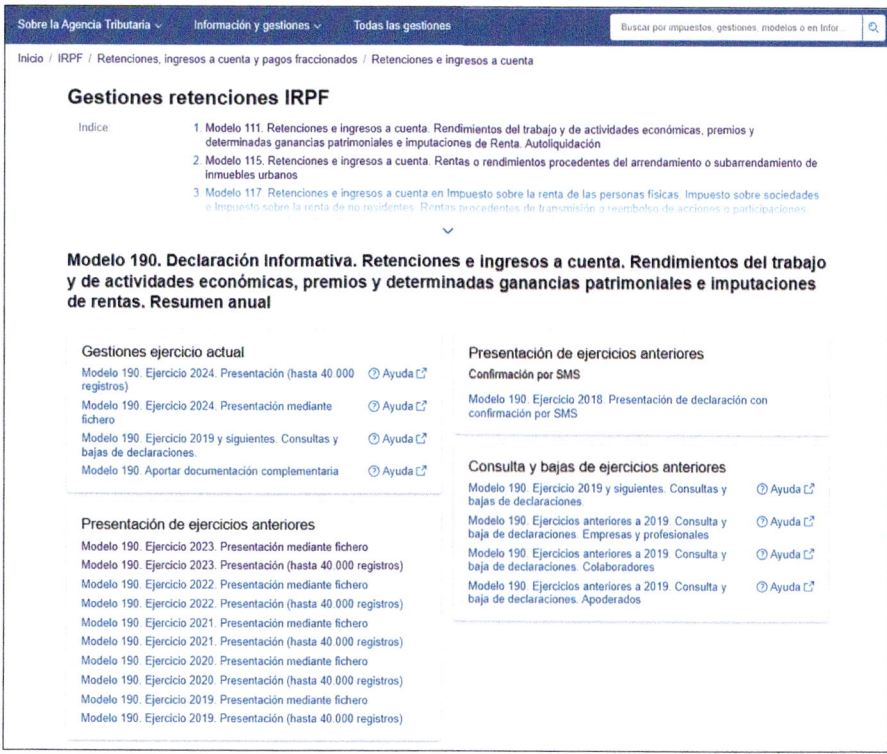

 **VÍDEO**

Aunque la cumplimentación del modelo 111 no es compleja, es muy diversa la información que se debe reflejar en él. Puedes ver un vídeo donde se explica cómo rellenar el modelo casilla por casilla accediendo aquí:

https://redirectoronline.com/adgd188po0605

3. Modelo 190. Declaración Informativa. Retenciones e ingresos a cuenta. Rendimientos del trabajo y de actividades económicas, premios y determinadas ganancias patrimoniales e imputaciones de rentas. Resumen anual

☞ HILO CONDUCTOR

Siguiendo con los modelos de liquidación, en esta ocasión le ha tocado el turno al modelo 190. El formador le ha explicado a su alumnado cómo, cuándo y por qué medio se presenta esta declaración. Seguidamente ha planteado una práctica que ha sido resuelta de forma colaborativa entre todos sus alumnos.

Para finalizar con el curso, el formador le ha ofrecido a Andrea y Fernando la posibilidad de hacer sus prácticas sobre las nóminas en una asesoría integral en la que es socio. Estos accedieron y en la actualidad forman parte de la plantilla de la asesoría.

Todo retenedor u obligado a ingresar a cuenta por las rentas obtenidas de su trabajo, entre otras, deberá presentar un **resumen anual de las retenciones e ingresos a cuenta** efectuados. La normativa que regula este modelo es la **Orden EHA/3127/2009, de 10 de noviembre,** por la que se aprueba el modelo 190 para la declaración del resumen anual de retenciones e ingresos a cuenta del impuesto sobre la renta de las personas físicas sobre rendimientos del trabajo.

Además de los datos de identificación del pagador, en el modelo se puede incluir una relación nominativa de los perceptores en la que figuren para cada uno de ellos los datos que hayan sido tenidos en cuenta para determinar el tipo de retención o ingreso a cuenta. Los datos que consignar de los perceptores son:

Identificación del perceptor, detallando nombre, apellidos y NIF

Continúa en página siguiente >>

<< Viene de página anterior

> Renta obtenida (identificación, descripción y naturaleza de los conceptos, y ejercicio de devengo)

> Circunstancias personales y familiares del perceptor

> Importe de las pensiones compensatorias entre cónyuges y anualidades por alimentos satisfechas

> Cantidades reintegradas al pagador procedentes de rentas devengadas en ejercicios anteriores

NOTA

En la información sobre la renta obtenida se incluyen las rentas no sometidas a retención o ingreso a cuenta por razón de su cuantía, aquellas cuyo tipo de retención aplicable ha sido cero, las dietas exceptuadas de gravamen y las exentas, las reducciones practicadas y los gastos deducibles.

Cada obligado a retener o ingresar en cuenta solo puede presentar un único resumen anual modelo 190, en referencia a un mismo período. Las **formas de presentación del modelo 190,** que están reguladas en la Orden HAP/2194/2013, de 22 de noviembre, dependen del obligado tributario que deba realizar la declaración. De esta forma:

S. A., S. L., grandes empresas y resto de entidades
- Por vía telemática a través de internet con firma electrónica avanzada o con un sistema de identificación y autenticación mediante certificado electrónico.

Personas físicas
- De forma electrónica a través de internet mediante sistema de firma con clave de acceso (Cl@vePIN); o con firma electrónica avanzada o sistema de identificación y autenticación mediante certificado electrónico.

El plazo de presentación del modelo 190 es durante el **mes de enero de cada año** y se realiza por las retenciones e ingresos a cuenta efectuados según las rentas del año natural inmediato anterior.

 CONSEJO

Si por problemas técnicos no se puede presentar el modelo 190 en su plazo, es adecuado recordar que se puede realizar durante los cuatro días naturales siguientes al de finalización del plazo.

La **página web de la Agencia Tributaria** donde se puede elegir la forma de presentación del modelo es la siguiente:

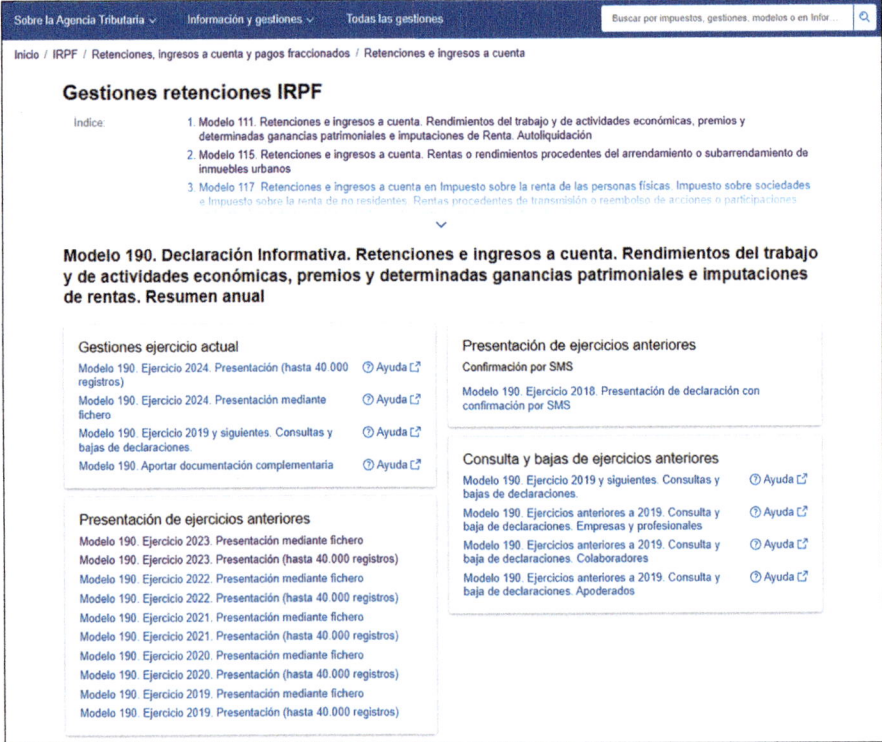

 **VÍDEO**

Este modelo puede incluir un número importante de registros y conviene conocer cómo cumplimentarlo casilla por casilla. Para saber cómo hacerlo puedes acceder aquí:

https://redirectoronline.com/adgd188po0607

 TAREA 11

La gestión de las retenciones e ingresos a cuenta relacionada con los rendimientos del trabajo incluye la declaración y presentación ante la autoridad tributaria de los modelos 111 y 190. Realiza un mapa conceptual con las características de ambos modelos.

4. Resumen

Los modelos que las empresas y los profesionales han de utilizar para la gestión de las retenciones e ingresos a cuenta, en general, son el **modelo 111, modelo 190, modelo 145 y el certificado** de retenciones e ingresos a cuenta del IRPF. Sin embargo, los dos primeros se utilizan para la liquidación de estos conceptos.

El **modelo 111** está regulado por la Orden EHA/586/2011, de 9 de marzo, y la Orden HAP/2194/2013, de 22 de noviembre, cuyas **características** son las siguientes:

⊃ **Obligados a tributar:**

  ◊ Las entidades que hayan pagado rentas sujetas a retención o a ingreso a cuenta del IRPF, que no sean rendimientos del capital mobiliario.

  ◊ Las entidades que, aun habiendo pagado rentas sujetas a retención o a ingreso a cuenta, apliquen un tipo de retención o de ingreso a cuenta igual a cero.

⊃ **Modalidades de declaración:**

  ◊ **Mensual:** debe ser utilizada por las entidades obligadas a retener o a ingresar a cuenta y cuyo volumen de operaciones del año anterior es superior a 6.010.121,04 €. Se ha de presentar en los veinte primeros días naturales del mes siguiente al período de liquidación.

  ◊ **Trimestral:** es utilizada por las pymes, autónomos y profesionales que estén obligados a tributar por estos conceptos. Se ha de presentar en los veinte primeros días naturales de los meses de abril, julio, octubre y enero.

⊃ **Formas de presentación:**

  ◊ **Telemática:** están obligados a utilizar este medio de presentación las entidades que sean grandes empresas y las S. A. y las S. L. El modelo se cumplimenta en la página web de la AEAT.

  ◊ **Papel impreso:** pueden utilizar esta forma el resto de obligados tributarios. Se obtiene la declaración a través del servicio de impresión disponible en la AEAT.

La declaración-autoliquidación (modelo 111) es única para cada retenedor u obligado a ingresar a cuenta.

El **modelo 190 se corresponde con el resumen anual de las retenciones e ingresos a cuenta** practicados sobre los rendimientos del trabajo. La normativa que lo regula es la Orden EHA/3127/2009, de 10 de noviembre, y solo se puede presentar uno por obligado y período impositivo. Las **formas de presentación** del modelo dependen del retenedor u obligado a ingresar a cuenta y son:

> **S. A., S. L., grandes empresas y resto de entidades**
> - Por vía telemática a través de internet con firma electrónica avanzada o con un sistema de identificación y autenticación mediante certificado electrónico.

Continúa en página siguiente >>

<< Viene de página anterior

Personas físicas
- De forma electrónica a través de internet mediante un sistema de firma con clave de acceso (Cl@vePIN); o con firma electrónica avanzada o sistema de identificación y autenticación mediante certificado electrónico.

El plazo de presentación es a lo largo del **mes de enero de cada año,** por las retenciones e ingresos a cuenta efectuados durante el año inmediato anterior. Para su presentación se utiliza la página web de la Agencia Tributaria.

Ejercicios de autoevaluación
Unidad de Aprendizaje 6

1. Indica si la siguiente afirmación es verdadera o falsa: "La declaración del modelo 111 será negativa cuando la empresa aplique un tipo de retención inferior al 2 %".

   ■ Verdadero
   ■ Falso

2. ¿Cuál de los siguientes modelos es una declaración informativa?

   a. Modelo 111.
   b. Modelo 145.
   c. Modelo 190.
   d. Modelo 101.

3. Indica si la siguiente afirmación es verdadera o falsa: "Las entidades cuyo volumen de operaciones es superior a 6.010.121,04 € presentan el modelo 111 mediante el servicio de impresión de la página web de la AEAT".

   ■ Verdadero
   ■ Falso

4. ¿Cuáles son las modalidades de declaración del modelo 111? Señala todas las respuestas correctas.

   a. Diario.
   b. Mensual.
   c. Trimestral.
   d. Anual.

5. Indica si la siguiente afirmación es verdadera o falsa: "El plazo de presentación del modelo 111 de las grandes empresas es en los veinte primeros días naturales del mes siguiente al período de autoliquidación".

   ■ Verdadero
   ■ Falso

6. El modelo 190 incluye una relación nominativa de los perceptores, ¿con qué tipo de información? Señala todas las opciones correctas.

    a. Importe de las pensiones compensatorias.
    b. Cotizaciones practicadas.
    c. Importe de las anualidades por alimentos.
    d. Rentas obtenidas.

7. ¿Qué norma regula las formas de presentación del modelo 111 y 190?

    a. Ley 35/2006, de 28 de noviembre.
    b. Orden HAP/2194/2013, de 22 de noviembre.
    c. Real Decreto 439/2007, de 30 de marzo.
    d. Orden EHA/3127/2009, de 10 de noviembre.

8. Indica si la siguiente afirmación es verdadera o falsa: "El modelo 190 es un resumen anual de las retenciones e ingresos a cuenta practicados".

    ■ Verdadero
    ■ Falso

9. ¿Cuáles de los siguientes tipos de empresa presentan el modelo 190 por vía telemática con firma electrónica avanzada? Señala todas las opciones correctas.

    a. Persona jurídica.
    b. S. A.
    c. S. L.
    d. Grandes empresas.

10. ¿En qué mes se presenta ante la Agencia Tributaria el modelo 190?

    a. Abril.
    b. Marzo.
    c. Diciembre.
    d. Enero.

Glosario

Acción protectora
Hace referencia a un conjunto de medidas que pone en funcionamiento la Seguridad Social para prever, reparar o superar determinadas situaciones de infortunio o estados de necesidad concretos, que suelen originar una pérdida de ingresos o un exceso de gastos en las personas que los sufren.

Autoliquidación
Método de cálculo y comunicación de cotizaciones en el que es el propio usuario quien realiza los cálculos y remite los resultados a la Administración. Este sistema ha sido usado hasta la entrada en vigor del sistema de liquidación directa.

Base de cotización
Es aquella cantidad sobre la que se aplica un porcentaje denominado *tipo de cotización* y cuya cuantía se destina a la cobertura de ciertas incidencias, como pueden ser una enfermedad, desempleo, etc.

Base salarial
Constituye una parte de la retribución que percibe la persona trabajadora y que queda fijada solo por unidad de tiempo.

Certificado digital
Hace referencia a un fichero informático, generado por una entidad de servicios de certificación, que asocia unos datos de identidad a una persona física, organismo o empresa, confirmando de esta manera su identidad digital en internet.

Cotización
Cantidades abonadas por empresa y trabajador para cubrir prestaciones futuras (jubilación, desempleo, formación profesional, etc.) que son retiradas mes a mes del salario. Una parte del pago corresponde a la empresa y otra a la persona trabajadora, aunque ambas son ingresadas conjuntamente.

Desplazamiento
Comprende el cambio de la persona trabajadora del centro de trabajo habitual de manera temporal para prestar sus servicios.

Empresario
Puede ser una persona física, jurídica o comunidad de bienes, cuyo principal cometido es el de retribuir económicamente los servicios recibidos.

Extinción del contrato
Significa que el acuerdo entre la empresa y la persona trabajadora queda roto de forma definitiva, por lo que la persona trabajadora no tiene necesidad de seguir prestando sus servicios en la empresa y esta no tiene que remunerarla.

Finiquito
Es el documento resultado de la extinción de la relación laboral, donde la persona trabajadora ratifica cuotas que la empresa tenía pendientes de pago.

Fondo de Garantía Salarial (FOGASA)
Entidad cuya función es abonar los salarios de las personas trabajadoras en los supuestos en los que la empresa no pueda hacer frente a estos.

Grupo de cotización
Se puede definir como la clasificación, a efectos de cotización a la Seguridad Social (S. S.), de las diferentes categorías profesionales existentes.

Horas de fuerza mayor
Son horas que la persona trabajadora debe cumplir obligatoriamente a causa de desastres naturales, incendio, etc.

Horas extraordinarias
Horas de trabajo que se realizan sobre la duración máxima de la jornada ordinaria de trabajo, que al año no podrá ser superior a ochenta horas.

Ingresos a cuenta del IRPF
Hace referencia a las cantidades que se ingresan en la Administración tributaria por el pagador de determinadas rentas, por estar así establecido en la ley, como anticipo de la cuota del impuesto que ha de pagar el perceptor de aquellas.

Jornada especial
Distribuciones diferentes de la jornada de trabajo para determinados sectores y trabajos que por sus peculiaridades requieren la ampliación o limitación de la jornada laboral.

Jornada laboral
Es el período de tiempo que pasa entre la entrada de la persona trabajadora a su puesto de trabajo hasta que lo abandona.

Modalidad contributiva
Hace referencia a aquellas prestaciones que los perceptores reciben por haber cotizado durante su vida laboral.

Modalidad no contributiva
Hace referencia a aquellas prestaciones que recibirán sus perceptores y que no requieren de una cotización previa para su otorgamiento.

Mutuas patronales
Son asociaciones de empresarios que se agrupan para gestionar conjuntamente una serie de servicios relacionados con la atención a sus trabajadores por accidentes de trabajo y enfermedades profesionales.

Pagas extraordinarias o gratificaciones
Son compensaciones económicas de carácter periódico cuya periodicidad supera el mes.

Recibo del salario
También conocido como el recibo individual justificativo del pago de salarios, es un justificante del pago por parte de la empresa a la persona trabajadora, en el que además se especifican las partidas que componen la retribución salarial.

RLC
Recibo de liquidación de cotizaciones o documento de pago de cotizaciones. Es emitido por Tesorería y el plazo máximo para su ingreso es el último día del mes.

RNT
Relación nominal de trabajadores. Lista de afiliados en un CCC durante un período con sus bases de cotización individualizadas cuya totalización constituye el RLC.

Salario bruto
Es el total devengado, es la suma de todos los importes. A esta se le van a descontar los impuestos y aportaciones a la Seguridad Social, dando lugar al salario neto, que es el que cobra la persona trabajadora.

Salario mínimo interprofesional (SMI)

Lo fija el Gobierno con una periodicidad de un año, y supone la regulación mínima que debe percibir la persona trabajadora, sin tener en cuenta la actividad que esta realiza cada día de trabajo.

Seguridad Social

Se puede definir como el conjunto de medidas tomadas por el Estado cuyo propósito es la protección, ayuda, prevención y el remedio ante acontecimientos de riesgos, desamparo o siniestro de los ciudadanos.

SILTRA

Programa de la Tesorería General de la Seguridad Social para facilitar la utilización del sistema RED, por lo que facilita el intercambio de información y documentos entre las distintas entidades a través de medios telemáticos.

Sistema de liquidación directa

Es el sistema de intercambio de datos, relativos a las cotizaciones, entre la Tesorería General de la Seguridad Social (TGSS) y la empresa.

Sistema RED (remisión electrónica de documentos)

Hace referencia al servicio que ofrece la TGSS a las empresas, con la finalidad de permitir el intercambio de información y documentos entre ambas entidades a través de internet. Dicho sistema aborda los ámbitos de actuación de la cotización, afiliación e INSS.

Trabajador

Es una persona física, que realiza un trabajo por cuenta ajena, voluntaria, dependiente y a cambio de un salario.

Tramo

Cada uno de los subperíodos en los que se divide el período de cotización de una persona trabajadora motivados por circunstancias diferentes de cotización.

Traslado

Comprende el cambio de la persona trabajadora del centro de trabajo habitual de manera permanente. Por ello, esta suele habitualmente cambiar su lugar de residencia.

Vacaciones laborales

Es el período de descanso retribuido, cuyo disfrute se fijará por acuerdo entre empresa y trabajador, según lo establecido en el convenio colectivo de aplicación.

Bibliografía

Monografía

→ CARMONA Ruiz, A.: *Retribuciones salariales, cotización y recaudación.* Antequera: IC Editorial, 2024.

Manual en el que se explica el conjunto de conceptos y trámites que están relacionados con las nóminas.

→ JIMÉNEZ García, A.: *Gestión auxiliar de personal.* Antequera: IC Editorial, 2024.

Manual interesante que desarrolla la gestión del personal en la empresa.

→ JIMÉNEZ García, A.: *Gestión de personal. Nóminas.* Antequera: IC Editorial, 2024.

Libro práctico para la gestión integral de los recursos humanos.

Legislación

→ Ley 35/2006, de 28 de noviembre, del Impuesto sobre la Renta de las Personas Físicas y de modificación parcial de las leyes de los Impuestos sobre Sociedades, sobre la Renta de no Residentes y sobre el Patrimonio.

Normativa compuesta por las disposiciones que rigen la gestión del IRPF.

→ Real Decreto Legislativo 8/2015, de 30 de octubre, por el que se aprueba el texto refundido de la Ley General de la Seguridad Social.

Normativa que incluye las normas legales sobre los trámites, regímenes y prestaciones de la Seguridad Social.

→ Real Decreto Legislativo 2/2015, de 23 de octubre, por el que se aprueba el texto refundido de la Ley del Estatuto de los Trabajadores.

Normativa que regula los derechos y obligaciones en el ámbito de las relaciones laborales, tanto para las personas trabajadoras como para las organizaciones.

→ Real Decreto 439/2007, de 30 de marzo, por el que se aprueba el Reglamento del Impuesto sobre la Renta de las Personas Físicas y se modifica el Reglamento de Planes y Fondos de Pensiones, aprobado por Real Decreto 304/2004, de 20 de febrero.

> Norma legal que tiene por objeto el desarrollo reglamentario del impuesto sobre la renta de las personas físicas.

Textos electrónicos, bases de datos y programas informáticos

→ Agencia Tributaria. Sede electrónica, de:
<https://sede.agenciatributaria.gob.es/Sede/inicio.html>.

> Página web de la sede electrónica de la Agencia Estatal de Administración Tributaria (AEAT) en la que se tramitan los impuestos de obligado cumplimiento para empresas y contribuyentes, así como el resto de obligaciones fiscales nacionales.

→ Seguridad Social, de:
<https://www.seg-social.es/wps/portal/wss/internet/Inicio>.

> Página web de la Seguridad Social que muestra información sobre la afiliación, cotización, recaudación y prestaciones de las personas trabajadoras y de las empresas, además de los enlaces directos a sus sedes electrónicas.